FLAIG

GEGEN DEN STROM

ZU KLAMPEN

Reihe zu Klampen Essay
Herausgegeben von
Anne Hamilton

Egon Flaig,
Jahrgang 1949, lebt in Berlin und lehrt in Rostock, wo er die Professur für Alte Geschichte innehat. Nach Abschluß des Studiums der Geschichte, Romanistik und Philosophie promovierte er 1984 in Berlin. 1990 erfolgte die Habilitation in Freiburg. Er lehrte in Freiburg und Göttingen und arbeitete am Göttinger Max-Planck-Institut für Geschichte. Gastprofessuren führten ihn ans Collège de France, an die Sorbonne, Paris I und die Universität Konstanz. 2003 bis 2004 war er Fellow am Wissenschaftskolleg in Berlin und 2009 bis 2010 Stipendiat des Historischen Kollegs in München. 1996 wurde ihm der Hans-Reimer-Preis der Aby-Warburg Stiftung verliehen. Zuletzt sind von ihm erschienen »Weltgeschichte der Sklaverei« (2009) und »Die Mehrheitsentscheidung. Entstehung und kulturelle Dynamik« (2013).

EGON FLAIG

Gegen den Strom

Für eine säkulare Republik Europa

zu Klampen *Essay 2013*

Carinae coniugi carissimae

Inhalt

UNDE ORIGO – INDE SALUS

Sta Maria della Salute, Venedig

Wer gegen den Strom schwimmt, verlangsamt. Ihm bleibt Zeit, Ufer und Landschaft zu betrachten.
Wer gegen den Strom schwimmt, will Höhe gewinnen. Bei starker Strömung geht es mit ihm langsamer abwärts.
Wer gegen den Strom schwimmt, richtet das Gesicht zur Quelle.

Vorwort

Plädoyer für die Auflösung der Europäischen Union

Das höchste politische Ziel eines gebildeten Europäers ist ein vereinigtes Europa, eine demokratische europäische föderative Republik. Doch es führt kein Weg von der Brüsseler Europäischen Union zu einem demokratischen Europa. Ohne Bürger keine Republik; ohne Volk keine Demokratie. Das sicherste Mittel zur Zerstörung einer Republik ist es, die Bürger ihres zivischen Bewußtseins zu berauben. Über die vereinigte europäische Republik nachzusinnen heißt darum zuvorderst zu ergründen, was Europäer zu Bürgern macht und was sie daran hindert, solche zu werden.

Die Vision eines geeinten Europa war kein Alptraum. Seitdem Victor Hugo die »Vereinigten Staaten von Europa« als historisches Ziel der europäischen Nationen anvisierte, ist die berechtigte Hoffnung auf eine politische Föderation gewachsen. Demokratisch kann eine solche Bundesrepublik nur werden, wenn die unterschiedlichen Souveräne, die Völker der Mitgliedstaaten, sich zu einem einzigen Souverän zusammenschließen. Nur wenn ein europäisches Staatsvolk entsteht, kann eine europäische Demokratie ins Leben treten. Das ist möglich, und es ist sehnlichst zu wünschen. Doch dorthin gibt es nur einen einzigen Weg: jenen, den die zwölf Gründungsstaaten der USA gegangen sind, 1776–1787.

Der Plan der europäischen Einigung seit den achtziger Jahren des 20. Jahrhunderts war ein Meisterwerk technokratischer Bankrotteure. Die politische Klasse und die sich blähende Brüsseler Bürokratie versuchten, die Völker der Europäischen Gemeinschaft allmählich zu Europäern werden zu lassen: Geräuschlos sollten die Völker einander nähergebracht werden, so lange, bis sie gar nicht mehr anders konnten, als Europäer zu sein. In einem Prozeß vollendeter Bewußtlosigkeit sollte ihr politischer Wille sich verpuppen und eines Morgens sich transmutiert wiederfinden als ein europäisch ausgerichteter Wille. Das war einer der heimtückischsten Anschläge auf die Volkssouveränität, der sich je unter parlamentarischen Bannern ereignete. Vorenthalten wurde den Nationen der europäischen Gemeinschaft ihr freier und bewußter Willensakt; versperrt wurde ihnen der Gang zu den fundierenden Volksentscheiden. Nur mittels solcher Abstimmungen vermögen die Nationen, über die zwei maßgeblichen Fragen ihren Willen zu bekunden: erstens darüber, ob sie ihre Souveränität preisgeben und in gemeinsames europäisches Staatsvolk eintreten wollen, zweitens über eine neue, demokratische und bundesstaatliche Verfassung. Die politische Klasse und die eurokratischen Apparatschiks haben die unverhohlene Absicht verfolgt, das künftige europäische Staatsvolk um seinen selbsttätigen Gründungsakt zu betrügen. Mehr oder weniger unbeabsichtigt verewigen sie ein antidemokratisches Regime, getragen von einer Nomenklatura, die sich desto weiter korrumpiert, je länger sie herrscht und je weniger sie demokratische Kontrollen fürchten muß. Daß sie sich inzwischen Besoldungen genehmigt, vor denen demokratisch legitimierte Staatsoberhäupter zurückscheuen, ist bloß die unappetitliche Spitze eines bedrohlicheren Eisbergs.

Diese Hintergehung rechtfertigte sich mit der Annahme, die Völker würden in der Nachfolge der EWG und nach der Logik der EWG automatisch zu einer Wirtschaftsgemeinschaft zusammenwachsen. Der ökonomische Nutzen des wechselseitigen Austausches besorge das Zusammenrücken der Nationen, führe zu Verflechtungen, die schließlich nicht mehr zu lösen seien und die Nationen zu einer Gemengelage verwandeln, die gar nicht umhinkönne, als träge Masse in eine paneuropäische Richtung zu rollen. Damit diese Entwicklung auch vonstatten gehe, haben die eurokratischen Funktionäre weidlich die »finanzielle Spritze« gebraucht. Diese Politik hat die Bürger der Mitgliedstaaten als reine homines oeconomici betrachtet und sie auch so behandelt. Der homo oeconomicus handelt auf Grund seiner Interessen, insbesondere seiner primitivsten, nämlich der materiellen. Die gesamte Politik seit über einem halben Jahrhundert ist von dieser Politik der Bestechung gekennzeichnet: die materiellen Interessen fördern, damit die einzelnen Nationen die Optionen der herrschenden Klassen wo nicht befürworten, so doch mittragen. Es ist mithin gelungen, Teile derjenigen Nationen, die eher Nehmer als Geber sind, regelrecht zu korrumpieren. Daß diese Korruption eines Tages als Bumerang zurückkehren mußte, wurde nicht bedacht.

Es war eine aberwitzige Fehleinschätzung, Völker durch Wirtschaftspolitik von oben verklammern zu wollen, als hätten diese Völker keinen eigenen politischen Willen. Als der Vertrag von Maastricht die Währungsunion einleitete, wurden die Warner zu Nationalisten abgestempelt. Eine bürokratische Konterrevolution begann, die nun schleichend die demokratischen Verfassungen sämtlicher Mitgliedstaaten aushöhlt. Die letzten Hemmungen, sich über den Volkswillen hinwegzusetzen, vergingen, als der Euro durchgepeitscht wurde. Wer verlangte, daß dies zum Thema einer öffentlichen Diskussion und zum Gegenstand einer politischen Entscheidung des Souveräns selbst zu machen sei, wurde diffamiert. Eine selbstherrliche Politikerkaste unter Führung der europäischen Regierungschefs hat sich ermächtigt, jedwede Mahnung, daß die Staatsvölker zu befragen seien, wenn es um die politische Zukunft dieser Staatsvölker geht, als »Populismus« zu verfemen. Wem die Volkssouveränität etwas bedeutet, den sollte die Beschimpfung als »Populist« mit Stolz erfüllen.

Die EU ist immer eine Distributionsanstalt gewesen; sie ist mit der Einführung des Euro zu einer gigantischen Verteilungsmaschine geworden, die auf Knopfdruck riesige Transfers vollzieht. Das geht so lange gut, wie Überschüsse zu verteilen sind. Sind keine Überschüsse mehr vorhanden, werden sie durch Schulden einfach erzeugt. Aber was, wenn die Schulden die Staaten übermannen? Dann ist es vorbei mit der Ausschüttung von Gewinnen, dann heißt es, Lasten umzulegen. Und das kann nicht gelingen, weil die EU keine politische Gemeinschaft ist.

Innerhalb eines Volkes von Bürgern, das sich versteht als der Souverän eines Gemeinwesens, besteht stets die Bereitschaft, nicht bloß die Erträge auszuschütten, sondern auch die Lasten zu übernehmen. Denn eine Gemeinschaft hält zusammen »in guten wie in schlechten Zeiten«. Gesellschaften, so lernen wir von Lévi-Strauss, beruhen auf dem Tausch (der Worte, der Symbole, der Gaben, der Güter, der Personen). Gemeinschaften beruhen auf dem Einstehen für die anderen, also auf der Bereitschaft zum Opfer. Daher kommt in der Krise die Wahrheit über das »soziale Band« zum Vorschein. Nun zeigt sich, was eine Gemeinschaft taugt und was eine Verfassung wert ist. Die Krise um die Zahlungsfähigkeit des griechischen Staates ist somit ein wertvoller Markstein. Sie bringt zutage, wovor die politische Klasse beharrlich die Augen verschlossen hat: Die ökonomischen Verflechtungen machen uns Europäer nicht notwendigerweise zu politischen Freunden. Der lodernde Haß auf namentlich benannte deutsche Politiker und deren Stigmatisierung als NS-»Homologe«, die Wut auf das größte Geberland der Eurozone überhaupt, offenbaren, was die eurokratische Politik wegleugnen wollte: Die europäische Union für Transfer und Schulden macht die Völker zu Feinden. Sie hat vorhandene nationale Antipathien nicht beseitigt, sondern erzeugt sie auf eine neue Weise.

Menschen, die als homines oeconomici behandelt wurden, benehmen sich keinesfalls als Bürger Europas, sondern als Zuschußberechtigte und als Konkurrenten um zu verteilende Vorteile. Geht man die vielsprachige Presse durch, stellt man fest, daß alle sich als Verlierer fühlen. Das war vorherzusehen, und das hatten viele vorausgesagt. Wer damals taub war, reibt sich nun die Augen. Aber wie sollte es anders sein? Wenn sich alle als Verlierer und als Betrogene begreifen, wächst die Wut auf die anderen.

Als solche wütende Verlierer werden die Europäer sich niemals zu einem Volk von europäischen Bürgern vereinigen. Und ohne ein solches kann es keine europäische Demokratie geben. Schlimmer noch: Die Regierungen werden, um eine Währung zu retten, die nicht zu retten ist, weil kein einheitlicher politischer Wille hinter ihr steht, von einer Notstandsmaßnahme zur anderen getrieben. Die Verfassungsbrüche vor allem in Deutschland häufen sich. Und der Gedanke, das deutsche Parlament in dringlichen Eurofragen zu ersetzen durch ein nicht von den Wählern legitimiertes Komitee, hat allen vor Augen geführt, wohin nicht nur Brüssels Eurokratie driftet, sondern wohin um der Rettung dieser Eurokratie willen die nationalen Regierungen schlittern. Nicht nur erschleicht sich die eurokratische Nomenklatura immer umfangreichere Kompetenzen, sie erhält vielmehr solche obendrein von bereitwilligen Regierungen auf dem Silbertablett dargereicht. Die nationalen Regierungen selber glauben sich genötigt, ihre Verfassungen zu demolieren und die Souveränität ihrer Staatsvölker als entwertetes Papiergeld zu schreddern. Lauthals verkünden die Ideologen der eurokratischen Diktatur, die Europäische Union erbringe den Beweis, daß eine Demokratie ohne Demos möglich sei, mehr noch: Volksentscheide seien illegitim, da es ein europäisches Volk nicht gebe. Die Brüsseler Eurokraten müssen sich nicht einmal – wie Brecht es der kommunistischen Nomenklatura empfahl – »ein anderes Volk suchen«; ihnen genügt es vollauf, daß es just kein Volk gibt. So dürfen sie regieren in niemandes Namen, für niemandes Wohl und sind niemandem Rechenschaft schuldig.

Die aufgeblähte teure Eurobürokratie, die Kommissionen, das Parlament und nicht zuletzt die Gerichtshöfe sind Ruinen, die eine Straße in die falsche Richtung säumen und sich redlich verdient haben, abgerissen zu werden. Jeden Tag wächst der Unmut über die Zumutung, dieses Monster noch weiter zu füttern. Es ist hohe Zeit, dieses Gebilde aufzulösen. Denn je länger es lebt, desto weiter diskreditiert es die Idee eines vereinigten Europa.

Aus einer Sackgasse kommt man nur rückwärts wieder heraus oder indem man wendet und entschlossen in die Gegenrichtung fährt. Tut man das, werden die europäischen Nationen nicht zurückfallen in eine neue Ära des Nationalismus. Sondern erst dann ist es überhaupt möglich, eine rationale Debatte darüber zu beginnen, welche politische Identität die Nationen in der Zukunft haben wollen. Ob sie bereit sind, einer einzigen großen europäischen Nation anzugehören oder nicht. Einer Nation, die am allerwenigsten dies sein wird: ein Verband ökonomischer Akteure zum gegenseitigen ökonomischen Nutzen und zum Transfer von Schulden und Schuldentilgung. Dann wird der Weg frei zu einem demokratischen Europa, das sich gründet auf einen kollektiven Akt, ausgiebig erörtert, in umfassender Deliberation formuliert und mit breiter Mehrheit beschlossen – Region für Region, Nation für Nation.

Doch dazu bedarf es einer neuen Würde der staatlichen Verfaßtheit, einer neuen Würde des Politischen. Und des klaren Bewußtseins, daß wir Menschen sind, die in der politischen Partizipation einen großen Teil unserer Erfüllung finden.

Überforderter Staat und zweifelhafte Kohäsion

Das Burckhardt-Paradox: die Demokratie unterm Double-Bind

DIE größte Gefahr droht dem demokratisch verfaßten Staat nicht von außen, sondern aus dem Inneren. Auf ihn steigt der Druck, entgegengesetzte Ansprüche zu erfüllen; und damit schlingert er in die vollendete Handlungsunfähigkeit. Jacob Burckhardt hat dies 1868 in kristalliner Härte formuliert: »Aus diesem allem entsteht die große Krisis des Staatsbegriffs, in welcher wir leben. Von unten herauf wird kein besonderes Recht des Staates mehr anerkannt. Alles ist diskutabel; ja im Grunde verlangt die Reflexion vom Staat beständige Wandelbarkeit der Form nach ihren Launen. Zugleich aber verlangt sie für ihn eine stets größere und umfangreichere Zwangsmacht, damit er ihr ganzes sublimes Programm, das sie periodisch für ihn aufsetzt, verwirklichen könne. (Sehr unbändige Individuen verlangen die stärkste Bändigung des Individuums unter das Allgemeine. Der Staat soll die Verwirklichung und der Ausdruck der Kulturideen jeder Partei sein, nur das sichtbare Gewand des bürgerlichen Lebens, und ja nur ad hoc allmächtig! (...)

Der Staat soll alles Mögliche *können,* aber nichts mehr *dürfen.* Namentlich darf er seine bestehende Form gegen keine Krisis verteidigen!). So (wird) die Staatsform immer diskutabler und der Machtumfang immer größer (...) Das Wichtigste aber ist, daß sich die Grenzen zwischen den Aufgaben von Staat und Gesellschaft gänzlich zu verrücken drohen (...) Man will eben die größten Hauptsachen nicht mehr der Gesellschaft überlassen, weil man das Unmögliche will und meint, nur Staatszwang könne dies garantieren (...) Man oktroyiert dem Staat in sein täglich wachsendes Pflichtenheft schlechtweg alles wovon man weiß oder ahnt, daß es die Gesellschaft nicht tun werde. Überall steigen die Bedürfnisse und die dazu passenden Theorien.«[1]

Wir erleben derlei täglich. Auf der einen Seite wehrt sich der »liberale« Affekt der Bürger gegen »Lauschangriffe« zur Bekämpfung von Verbrechen, auf der anderen Seite suchen die Medien, sobald Verbrechen geschehen, nach Sündenböcken just bei Polizei und Verfassungsschutz, also bei jenen Organen, denen die Ärmel zugenäht wurden, um ihre Hände fernzuhalten von der Privatsphäre des einzelnen Bürgers. Dasselbe geschieht bei der »Datenspeicherung«: Eine Serie von schwersten Verbrechen, die in den vergangenen zwei Jahren die Öffentlichkeit erregte, wäre sehr wahrscheinlich entweder früher aufgeklärt oder gar verhindert

1 Burckhardt, Über das Studium der Geschichte, S. 324 f.

worden, wenn die Ordnungsorgane genügend Daten hätten speichern und austauschen können.

Die kontradiktorischen Forderungen treiben das Handeln der Behörden in absurde Aporien, wie besonders der Katastrophenschutz illustriert. Es bedarf immer umfangreicherer Regelungen, um die Bevölkerungen zu schützen vor Katastrophen, die noch vor wenigen Jahrzehnten hingenommen wurden als naturgegeben. Die hysterischen Schreie nach Schutz gegen Epidemien werden nicht bloß lauter, sondern erfolgen in immer höherer Frequenz. Ganze Labore müssen in Bewegung gesetzt werden, um binnen Stunden gefährliche Keime zu identifizieren, die erst nach Wochen zu ermitteln sind. Der mediale Druck erzwang 2006, daß die Chefin der Weltgesundheitsbehörde eine Pandemie-Warnung ausgab. Die Regierungen mußten Impfstoffe bestellen. Es stellte sich rasch heraus, daß die mediale Panikmache in keinem Verhältnis stand zu den Toten. Die Impfstoffe hatten Milliarden gekostet; nun verrotten sie. Doch was wäre geschehen, wenn man diese Mittel eingespart und sinnvoller verwandt hätte, bei Erziehung und Bildung etwa? Dann hätten die Medien sich Steilvorlagen ausgesucht, falls hernach nur wenige Menschen an der Epidemie gestorben wären. Wir leben unter dem Auge der »Bescheuertheit«. Mit diesem Begriff belegt der Soziologe Rainer Paris die Seinsweise des vorauseilenden Rechtgehabthabens; sie ist dem psychologischen Phänomen des Double-Bind homolog. Bescheuertheit äußert sich im taktischen Trick, mit kontradiktorischen Ansprüchen Situationen zu erzeugen, in denen die Gegenseite stets im Unrecht ist. Was bei der Pandemiewarnung geschah, war eine medial fabrizierte Groteske, die darum wirkte, weil den politischen Akteuren das Fallbeil der Bescheuertheit drohte. Diese Groteske ist unser Alltag. Wie soll die politische Klasse darauf reagieren? Sie muß diese medialen Ereiferungen wahrnehmen als pathologische Anfälle einer »öffentlichen Meinung«. Wahltaktisch hält sie es für ratsam, diese zu beachten, als Barometer von Popularität; politisch erblickt sie darin die Symptome der Unzurechnungsfähigkeit einer infantilen »Bevölkerung«, über die sie nur mit verhaltener Verachtung sprechen kann.

Wenn man den Staat in die Zerreißkammer des Double-Bind sperrt, vergiftet sich die kulturelle Atmosphäre. Beim zwanghaften Suchen nach Sündenböcken spitzt der Verdacht seine Ohren und reckt die Häme ihren Hals. Die von Rosanvallon so genannte »Contre-Démocratie« liegt exakt auf der ideellen Linie, die Burckhardt definierte. Was er damals kritisierte, wird heute naiv angepriesen. Die »Bescheuertheit« ist zum kategorischen Imperativ sämtlicher »Opposition« geworden: »Stelle Forderungen in der Weise, daß entweder ihre Erfüllbarkeit dazu berechtigt, jede Erfüllung als ungenügend zu denunzieren, oder ihre Unerfüllbarkeit die Behörden als unwillig bloßstellt!« Die mediale Aufgeregtheit gehorcht zunehmend diesem Imperativ, weil Fernsehprogramme wie Zeitungen um das wahrscheinlich knappste soziale Gut – die Aufmerksamkeit – konkurrieren und Skandale erzeugen müssen. Die Skandalisierung ist der medialen Dynamik eingebaut.

Den Staat zu überhäufen mit immer neuen Aufgaben beraubt ihn seiner republikanischen Funktion, Institutionen und Foren bereitzustellen, in denen die Bürger sich auf politische Weise begegnen. Der ehemalige Verfassungsrichter Böckenförde hatte davor gewarnt: »Materielle Gewährleistungen jenseits der Grundrechte sind eher eine Gefahr für den Rechtsstaat; er wird dann leicht mit wertbezogenen Rechts- oder Gerechtigkeitsvorstellungen überladen.«[2]

Die kulturellen Folgen sind zweifach fatal. Einerseits wird der Staat gezwungen, immer tiefere Eingriffe in die ökonomischen Vorgänge vorzunehmen, um Sozialprogramme durchführen zu können. Dementsprechend wächst eine Distributionsbürokratie, deren Last die ganze Gesellschaft bedrückt. Anderseits breitet sich eine selbstbedienerische Gesinnung aus; denn der Staat erscheint den Interessenverbänden als eine fremde Anstalt, die nach Belieben ausbeutbar ist. An eine blanke Maschine, beliebig umzuprogrammieren, kann sich kein Ethos mehr anlagern, keine mobilisierende Symbolik; sie scheint ohne normative Grundlage zu funktionie-

2 Böckenförde, 2011, S. 366.

ren. Diese geistige Abwärtsspirale wird angetrieben von einem unablässigen Fordern, das sich legitimiert durch scheinbare Angemessenheit von vereinseitigten Ansprüchen. Daran beunruhigt nicht allein die materielle Ausbeutung des Gemeinwesens, sondern noch mehr die sich gegenseitig aufhebende Überdehnung von Grundrechten.

Es geht um Gerechtigkeit. Ohne diese sei, so meinte Kant, das Leben auf der Erde nicht lebenswert. Aber Gerechtigkeit ist in vieler Hinsicht das Gegenteil vom Einklagen sozialer Ansprüche. Es war, wie Tocqueville und andere diagnostizierten, historisch verhängnisvoll, daß das Ideal der politischen Gleichheit in die Hände der sozialen Gleichmacherei geriet. Wenn die Gleichheit wieder ihren politischen Gehalt zurückgewinnt, dann wird über Gerechtigkeit wieder sinnvoll zu reden sein.

Aufstände in den *banlieues* und Zwickmühlen der Wohlfahrtsideologie

Paris 2005. Die Jugendlichen der *banlieues* probten die Revolte. Die Medien kommentierten. Hinterher bezeugten die Polizeiberichte, daß von den 2000 verhafteten Jugendlichen etwa zwei Drittel das Angebot erhalten hatten, bestimmte Jobs und Arbeiten anzunehmen. Doch die Betreffenden verzichteten nach kurzer Zeit oder lehnten schon im vorhinein ab. Sie verstanden sich also weder als Teil der werktätigen Bevölkerung noch als Teil der »industriellen Reservearmee«, in der man darauf angewiesen war, die Chancen zu ergreifen, die sich boten. Sie betrieben gelinde gesagt Arbeitsverweigerung. Ist also jenes Phänomen wiedergekehrt – in neuer Form –, das Marx unter den Begriff »Lumpenproletariat« faßte? Einst hatte Spengler nüchtern die nationalsozialistische Massenbewegung bezeichnet als die Organisierung der Arbeitslosen durch die Arbeitsscheuen. Vielleicht ließe sich der lumpenproletarische Aufruhr von Paris unter die Formel »Revolte der Arbeitsscheuen, gedeutet von überarbeiteten Kommentatoren« fassen. Beim Kommentieren ist vieles möglich und vieles erlaubt. Als im August 2011 in den Londoner Vorstädten die Brände loderten, beeilten sich Intellektuelle, die Ereignisse zu kommentieren, und zwar positiver, als es sechs Jahre zuvor in Frankreich geschehen war.

Am 17. August 2011 interpretierte der Soziologe Hans-Georg Soeffner in der »Frankfurter Allgemeinen Zeitung« den Aufruhr. Er zögerte nicht, die Geschehnisse als Symptome von Staatszerfall zu benennen. Indes sprach er dem britischen Premier das Recht ab, den Plünderern und Brandstiftern mit der vollen Strenge des Gesetzes zu drohen und gleichzeitig zu beklagen, es mangele Teilen der britischen Gesellschaft an Verantwortungsbewußtsein. Unberechtigt seien Drohung wie Appell einfach deswegen, weil nicht diese Bürger zuerst den Gesellschaftsvertrag gebrochen hätten, sondern der

Staat. Soeffner deutet den Aufruhr auf der Folie der Vertragstheorie von Thomas Hobbes: Der Bürger ist zum Gehorsam verpflichtet, weil der Staat ihn schützt – und er ist es nur so lange, wie der Staat dieser Pflicht genügt. Doch just gegen diese Pflicht habe der britische Staat seit geraumer Zeit verstoßen. Da die randalierenden Jugendlichen sich außerhalb des staatlichen Schutzes befinden, seien sie berechtigt, den Gehorsam aufzukündigen.

Auf den ersten Blick ist diese Argumentation seltsam. Denn der Staat war ja gezwungen, die anderen Bürger gegen die Randalierer zu schützen. Die Brandstifter und Plünderer bedurften ja keines staatlichen Schutzes. Doch es ist für den Interpretierenden nicht schwierig, aus den Tätern Opfer zu machen: »Ein Staat, der zuläßt, daß sich in ihm rechtsfreie Räume bilden, innerhalb derer er sein Gesetzes- und Machtmonopol aufgibt, seiner staatlichen Pflicht also nicht nachkommt, schafft die Voraussetzungen für den eigenen Verfall. Rechtsfrei sind solche Räume ohnehin nicht. Sie sind staatsfrei, geben sich aber dennoch ihre eigenen Gesetze. Es sind die Gesetze des natürlichen Menschen vor seinem Eintritt in einen Gesellschaftsvertrag.«

Gewiß, staatlicher Zerfall wird handgreiflich sichtbar, sobald Räume entstehen, in denen der Staat die gesetzliche Ordnung nicht mehr aufrechterhält oder es nicht mehr kann. Aber wer hat diese Zonen geschaffen? Es sind großenteils dieselben Randalierer, dieselben jugendlichen Gewalttäter, die patrouillierende Polizisten beschimpfen oder so bedrängen, daß Patrouillen nur noch im Auto möglich sind; es sind dieselben, die die Polizeifahrzeuge bewerfen; es sind dieselben, die Autos der Mittelklasse zerkratzen oder beschädigen und feinere Restaurants aus ihren Vierteln vertreiben. Der Rückzug der Polizei erfolgt in der Regel dann, wenn Polizisten sich nicht mehr in diesen Vierteln beleidigen und bespucken lassen wollen und wenn sie nicht die deprimierende Erfahrung ständig wiederholen wollen, daß sie übergriffige oder kriminelle Jugendliche gar nicht verhaften können, weil sie sofort von 40 oder 50 Männern umringt werden, die mit Gewalt verhindern, daß ein Mitglied ihrer Community in Gewahrsam genommen wird, wie das in Berlin-Neukölln regelmäßig passiert.

Die Zerstörung des öffentlichen Raumes wird von Einwohnern besorgt, die sich mit »befreiten Zonen« brüsten; sie verlautbart sich in dem wütenden Schrei: »Das ist unsere Straße!«, und gelangt zu ihrer politischen Vollendung in jenen Straßen des Londoner Vororts Waltham Forest, in denen zuerst Aufkleber stolz verkündet haben: »Hier herrscht die Scharia und sonst gar nichts!« und anschließend die Sittenwächter der Scharia mit ihren Patrouillen begannen. Keinesfalls werden in diesen »staatsfreien« Räumen die Einwohner wieder zum »natürlichen Menschen vor seinem Eintritt in den Gesellschaftsvertrag«. Es herrscht nicht das Recht der Natur. Sondern es herrscht das Gesetz der stärksten und militantesten

Minderheit. Die Soziologen bräuchten nur genauer hinzusehen. Die Menschen fallen mitnichten in den Naturzustand, sondern in Parallelgesellschaften mafiotischer oder kommunitärer Art.

Wenn hier Gegenwelten entstehen, dann eben nicht, weil der Staat seine Schutzpflicht nicht mehr wahrnehmen will, sondern weil er sie nicht mehr ausüben kann. Er könnte es dann und nur dann, wenn mit einem hohen Einsatz von Gewalt und mit breitem Konsens der Bürgerschaft eines Landes die Polizei diese Krisenherde beseitigte. Doch der bloße Versuch, solches zu tun, müßte ein mediales Gebrüll auslösen: Der Staat wird daran gehindert, die Entstehung von rechtsfreien Räumen mit seinen Mitteln zu unterbinden, und er wird hinterher beschuldigt, rechtsfreie Räume zu dulden, ja sie erzeugt zu haben. Die kulturelle Bescheuertheit speist sich aus dem historischen Double-Bind: Der Staat soll alles können, aber eben nichts tun dürfen. Jener breite Konsens, der vonnöten ist, um die entstaatlichten Zonen wieder unter die staatliche Autorität zurückzuholen, ist wahrscheinlich nur noch in den USA zu erreichen. Denn nur dort existiert noch ein hinreichend entschiedener Wille, die rechtliche Ordnung nicht aushöhlen zu lassen.

Soeffner behauptet weiter, der landläufige Glaube, die soziale Bindung – das *lien social* – sei garantiert durch wirtschaftlichen Erfolg, habe sich nun augenfällig bewahrheitet, nämlich mittels dieses Falsifikationstestes, als den er den Aufruhr ansieht:

»Wenn aber in einem Staatswesen bei sinkendem Wohlstand in gleichem Maße die Solidarität abnimmt, setzt der Staat seine Vertragsidee und damit seine Legitimation aufs Spiel (...) Wo mit wirtschaftlichem Mißerfolg die staatlichen Verpflichtungen gegenüber den Bürgern eingeschränkt oder aufgehoben werden, sind Bürgerpflichten schwer einklagbar. Wenn gegenseitige Verpflichtungen, so etwa im Arbeits-, Sozial- und Bildungssystem vom Staat einseitig gekündigt werden, lockert er die Bindung zu seinem Vertragspartner, dem Bürger.«

Wer bewandert ist in Politischer Philosophie, stutzt angesichts dieser Vertragsklausel. Thomas Hobbes hat seinen Gesellschaftsvertrag mit dem einzigen Inhalt gefüllt, daß der in den Vertrag eintretende Mensch und sein Eigentum geschützt sind vor der Gewalt anderer. Der Staat hat keine weiteren Pflichten. Die Sorge um Bildung, um Arbeit und um soziale Sicherung obliegt den Bürgern selber; sie sind mitnichten Pflichten des Staates. Der Soziologe unterstellt dem Staatsphilosophen ein sonderbares Anliegen, nämlich dasjenige des Wohlfahrtsstaates. Indes, die Wohlfahrt ist weder bei Hobbes noch bei anderen Denkern der klassischen Vertragstheorie ein Element des Vertrages. Angenommen, der britische Staat kümmerte sich überhaupt nicht um die Randalierer und ihre Familien, selbst dann verlöre er nach Hobbes kein Gramm seiner Legitimation. Doch der Staat hat die Randalierer keinesfalls ihrer Armut und Prekarität überlassen. Sie hausen nicht in Wellblechhütten, sie leben in Sozialwohnungen. Und sie betteln nicht, sondern sie beziehen Sozialhilfe, und sie sind berechtigt, öffentliche Schulen zu besuchen, obschon eine substantielle Quote der Randalierer lieber die Schule schwänzt oder die Mitschüler terrorisiert oder gar – wie im Mai 2013 in Stockholm – die Schulen abfackelt, um die Feuerwehr anschließend mit Steinwürfen daran zu hindern, die Gebäude zu löschen. Es ist nicht wahr, daß der britische Staat es an »Solidarität« gegenüber diesen Bürgern fehlen läßt. Wie kommt die soziologische Deutung dazu, Leistungen einfach zu unterschlagen, für die die arbeitende Bevölkerung mit ihren Steuern aufkommt? Man mag darüber streiten, ob das Alimentieren »ausreicht«. Aber kein Alimentierter wird jemals zufrieden sein. Auch der Beruf, den er haben könnte, wird ihm nicht zusagen. Wenn der Alimentierte nicht in seinen Wunschberuf gelangt, meistens weil er für seinen schulischen Erfolg schlicht zu wenig oder gar nichts getan hat, dann werden ihm genügend Deuter einreden, der Staat habe den Gesellschaftsvertrag verletzt. Auch Soeffner scheut sich nicht davor, die Bringschuld umzukehren. Vermögensspielräume, so hören wir, diktieren zunehmend die »Enge oder Weite der Sozialspielräume«: »In einer solchen Situation versuchen diejenigen, denen man den Möglichkeitsraum beschneidet, sich ihren Freiraum mit Gewalt zurückzuholen.«

Träfe das zu, dann müßte sich weltweit die Gewalttätigkeit austoben. Denn immer schon und überall beeinträchtigte die ökonomische Knappheit die »Sozialspielräume«. Aber sie diktierten dieselben eben nicht; denn es wirken noch andere Faktoren. Indes, was will uns der Autor sagen mit dem Wort »zurückholen«? Die Gewalttäter nehmen sich also, was ihnen zusteht? Man liest diese Sätze mit Beklemmung. Sie liefern, obschon gewiß nicht vorsätzlich, implizite Rechtfertigungen für das Plündern und Brandstiften. Das ist die logische Endstation der Ideologie des Wohlfahrtsstaates.

Die Tatsache, daß es vielen Fürsorgeempfängern nie »genügt«, zeigt, daß das Problem kein ökonomisches ist und auch weniger ein soziales als vielmehr ein kulturelles und ein moralisches. In Berlin-Neukölln waren 2005 etwa 6400 Jugendliche arbeitslos gemeldet; unter ihnen hatten 70 Prozent keinen Berufsabschluß. Im 1. Quartal vermittelte das Job-Center an 4000 von ihnen Angebote zur Arbeit oder zur Qualifikation; doch nur 1500 bekundeten ihr Interesse. Ungefähr denselben Prozentsatz hatte die Pariser Polizei im selben Sommer unter den Verhafteten festgestellt. Das paßt nicht in die Ideologeme der wohlfahrtsstaatlichen Politik. Die Gegenprobe ist allenthalben in Europa leicht zu machen: Überall haben Jugendliche ostasiatischer Herkunft einen bestaunenswerten schulischen und dann beruflichen Erfolg, obgleich sich ihre Eltern häufig in einer ebenso nachteiligen sozialen Lage befinden wie die anderen Sozialhilfeempfänger und oft noch schlechter Deutsch sprechen. Warum? Weil die schlechtere soziale Situation keinesfalls die beruflichen Chancen determiniert. Augenfällig wirken Faktoren, die eine Soziologie mit dogmatisch gerasterter Netzhaut nicht wahrzunehmen vermag. Und die sind kultureller Natur. Die soziale Integration sowohl von Einwanderern als auch von Einheimischen gelingt just dort am besten, wo die zu Integrierenden den Großteil der Integrationskosten selber zu bezahlen haben. Genau diese Mühe, um die Sprache zu erlernen, um Fertigkeiten zu erwerben und um Normen zu internalisieren, dieser Aufwand, mit dem man sich die Integration erarbeitet, fungiert als biographische Investition, die dem einzelnen verdeutlicht, wie kostbar diese Integration ist und wie wertvoll die neuerworbene Identität. Diese Investition ist es, die den einzelnen daran hindert, die staatliche Fürsorge als Anreiz zur Verlängerung des Alimentiertwerdens zu begreifen und sich im Limbo maternalistischer Sozialsorge dauerhaft einzurichten.

Kulturelle Faktoren umdefinieren zu sozialen

Eine landläufige Weise, das titanische Thema der sozialen Desintegration modellhaft zu erörtern, bietet das »Bielefelder Desintegrationstheorem«, vertreten von W. Heitmeyer. Es macht gelingende soziale

Integration davon abhängig, ob junge Menschen genügend Anerkennung finden. Wer wollte leugnen, daß die persönliche Anerkennung kardinal ist für ein befriedigendes soziales und kulturelles Leben? Personen, die auf Anerkennung rechnen dürfen, bekunden gewöhnlich eine höhere Normkonformität als jene, die unter mangelnder Anerkennung leiden. Diese Anerkennung – im Hegelschen Sinne – ist jedoch eine persönliche. Es ist etwas grundsätzlich anderes, ob man Menschen als Personen anerkennt oder ob man sie deswegen anerkennt, weil sie einer Gruppe angehören. Sobald besondere Gruppen in hohem Maße die Identität ihrer Mitglieder bestimmen, verändert der Begriff »Anerkennung« seinen Inhalt. Daher macht es einen Unterschied, ob man die persönliche Anerkennung in »seiner« Gruppe erhält oder sie in allgemeinen sozialen Bereichen erwirbt. Normkonformität rührt letztlich nicht aus der erfahrenen Anerkennung, sondern sie verdankt sich der Internalisierung von Werten und dem festen Glauben an dieselben. Daher können religiöse Sekten, obschon sie als Gruppe nur geringe Wertschätzung erhalten, eine erstaunliche Normkonformität an den Tag legen; sie geben einander innerhalb ihrer schmalen Zirkel starke Anerkennung. Die Normen können freilich auf erschreckende Weise den Werten einer freiheitlichen Gesellschaft widersprechen.

Der prinzipielle Mangel des »Bielefelder Desintegrationstheorems« besteht darin, die kulturelle Dimension auszuschalten. Ihm gemäß schützt auch eine starke moralische Orientierung nicht vor Gewaltausbrüchen; denn es gebe ja den Kohlhaas-Effekt. Aber stimmt diese kategoriale Zuweisung? Ein starkes »Gefühl, ungerecht behandelt zu werden«, ist das schiere Gegenteil von moralischer Orientierung. Gerade weil eine moralische Orientierung fehlt, ist das gewalttätige Individuum außerstande, zu unterscheiden zwischen der rechtmäßigen und gerechtfertigten Zurücksetzung – etwa durch Schulnoten – und der willkürlichen Benachteiligung. Ganz anders verhält es sich, wenn eine spezifische Moral es begünstigt, gegen »andere« Gewalt auszuüben. In diesem Fall ereignet sich die Gewalttat, weil gut internalisierte Werte diese Gewalt rechtfertigen oder sogar fordern. Das Bielefelder Theorem kommt mit solchen Phänomenen nicht zurecht, wenn es diese überhaupt gewahrt. Heitmeyer unterscheidet nicht genügend zwischen gesteuerter, also politisch motivierter, Gewalt – und dem Amoklauf. Der Amoklauf ist reine Selbstbekundung einer sich mißachtet fühlenden Seele. Der Schlag ins Gesicht, den ein arabischer Jugendlicher in Neukölln einem deutschen versetzt, ist hingegen sehr häufig ein Akt politischer Gewalt gegen einen Ungläubigen. Offensichtlich stehen wir hier nicht vor einem sozialen Problem.

Dazu gehört auch, worüber Heitmeyer kein Wort verliert: die beängstigende Zunahme von Vergewaltigungen nichtmuslimischer Frauen durch Muslime in mehreren europäischen Ländern. Der Osloer Polizeibericht vom 12. Oktober 2012 stellte fest, daß alle 83 Vergewaltigungen, die in Oslo in den Jahren zwischen 2006 und 2010 verübt wurden, Migranten mit nordafrikanischem und orientalischem Hintergrund nachgewiesen wurden. Diese horrende Tatsache verweist keinesfalls auf kriminelle Übergriffe seitens krimineller Männer, sondern ist ein Resultat gegengesellschaftlicher Organisation. So hatte 2004 der ägyptische Gelehrte Sheik Yusaf al-Qaradawi in London verlautbart, nicht die Vergewaltiger, sondern die Vergewaltigungsopfer müßten bestraft werden, sofern sie sich nicht angemessen gekleidet hätten. Denn wer ohne Kopftuch und islamisch korrekte Verhüllung umhergehe, habe seine Vergewaltigung provoziert, wenn nicht gar gewollt. Auch in Kopenhagen ließ der islamische Mufti Shahid Mehdi verlauten, daß Mädchen, die kein Kopftuch trügen, um eine Vergewaltigung geradezu bitten würden. 2007 erklärte der angesehenste Imam Australiens, Sheik Faiz Mohammed, in Sidney während eines Vortrages seinen Zuhörern, daß Vergewaltigungsopfer niemand anderen anzuklagen hätten als sich selbst. Denn, so der Scheich, westliche Mädchen seien allesamt »Huren und Schlampen«. Der Scharia-Islam billigt solche Vergewaltigungen andersgläubiger Frauen seit über einem Jahrtausend. Eine solche religiös angestachelte Gewaltbereitschaft hat nichts zu tun mit den Gewaltausbrüchen gegen die Nächsten; sie ist ein kriegerischer Akt im Kampf gegen die Ungläubigen. Diese zunehmende Gewalt gegen Frauen verändert gravierend den öffentlichen Raum und den sozialen Gebrauch der öffentlichen Räume. Gerade die gute Integration in die Parallelgesellschaft fördert diese Form der Gewalt. Vor diesem Sachverhalt versagt das »Bielefelder Desintegrationstheorem«. Auf dieselbe Weise diagnostiziert Heitmeyer seit Jahren ein ständiges Anwachsen der »gruppenbezogenen Menschenfeindlichkeit«: Dabei unterschlagen seine Studien ganz einfach, daß der Antisemitismus in Mittel- und Westeuropa vor allem in der muslimischen Bevölkerung gärt und in dem Maße sich in Taten manifestiert, wie in diesem Segment Radikalisierungen einsetzen.[3] Mit solchen unseriösen Studien läßt sich nicht bloß Panik machen, sondern vor allem Schuld zuweisen.

Zwar ist die Frage »Fühle ich mich gerecht behandelt?« für die Individuen immer eine kardinale. Allerdings bleibt das Bielefelder Theorem dabei stehen, so als sei das Gefühl, gerecht behandelt zu werden, eine nicht hinterfragbare Gegebenheit. Dieses bleibt in Wirklichkeit diffus, falls die kulturelle Prägung keine deutlichen Vorstellungen von Gerechtigkeit in der Psyche verankert – und solche Vorstellungen sind letztlich mit »Werten« verbunden. Dieser Diffusität entquellen die moralischen Probleme. Denn Individuen, die sich in der Sinn-

---

3 Faber, 2007, u. Rensmann, 2008.

gebung ihres Lebens nur gering an Werten orientieren, sind dem sozialen Mimetismus in sehr hohem Maße ausgeliefert: Was richtig ist und erstrebenswert, ersehen sie daran, was die anderen tun und wonach sie streben. Es dürfte zutreffen, daß die unablässige mediale Allgegenwart von Stars und Glamour für jede Sozialisation, die auf Orientierung zielt, Gift ist. Nicht nur, daß diese Allgegenwart unentwegt mimetische Impulse wachruft, sondern sie choreographiert das soziale Nachahmen als leichtherzige Praxis in alltäglicher Erreichbarkeit. Und in der mimetischen Dynamik erfährt man sich allzu häufig als Verlierer.

Ungerechtigkeit zu erfahren, indem man erlebt, daß eine wichtige Norm eklatant verletzt wurde, an deren Geltung man unerschütterlich geglaubt hatte, ist ein bitterer Einschnitt. Dennoch führt solche Erfahrung kaum zu den landläufigen Frustrationssymptomen. Diese entspringen in der Regel enttäuschten Wünschen. Aber Wünsche haben an sich nichts zu tun mit Gerechtigkeit. Erwartungen, die aus Wünschen resultieren, sind weit überwiegend kein soziales Problem, sondern ein kulturelles. Keine Gesellschaft war jemals imstande und wird je in der Lage sein, jedem Individuum dessen soziale Wünsche zu erfüllen. Jede Gesellschaft, die solches versuchte, müsste an Überforderung implodieren. Es sind die kulturellen Dispositionen, die in hohem Maße dafür sorgen, daß ein Individuum die Nichterfüllung von Wünschen erträgt oder nicht erträgt. Nirgendwo ist das besser abzulesen, als am Vergleich des schulischen und beruflichen Erfolgs von Einwanderern: Jugendliche ostasiatischer Herkunft sind im Durchschnitt weitaus leistungswilliger und darum sozial erfolgreicher als arabische und türkische. Bei gleicher sozialer Lage divergieren die kulturellen Dispositionen dramatisch. Beide Gruppen definieren ihre Misserfolge radikal anders. Nach Bourdieu wirkt der individuelle Habitus als ein System von Wahrnehmungs- und Bewertungsschemata. Ebendiese Schemata wirken sich fatal oder heilsam aus. Wenn empirische Sozialforschung an dieser Stelle das verletzte »Gerechtigkeitsgefühl« als entscheidenden Grund für destruktives soziales Verhalten bestimmt, dann war sie ihren Hausaufgaben nicht gewachsen.

Macht man aus kulturellen und moralischen Problemen soziale, dann landet man beim Großinquisitor Dostojewskis: »Es wird keine Verbrecher mehr geben, sondern nur noch Hungrige.« Alles wird entschuldbar. Ein psychologisches Gutachten macht aus jedem Mörder ein Opfer; und verschafft allen den Zustand der paradiesischen Unschuld. Aber wenn es so leicht ist, einen Menschen von seiner moralischen Verantwortung zu befreien, dann ist unsere politische Mündigkeit latent bedroht. Denn sie hängt an unserer Fähigkeit, unser Handeln zu verantworten.

Der Wahn der Machbarkeit und die Diktatur des Guten

Welche Blüten das entgrenzte Fordern treiben kann, zeigt die momentane Diskussion um die Inklusion behinderter Kinder. Sie ist nicht in erster Linie eine pädagogische Angelegenheit, sondern eine kulturelle. Je differenzierter eine Hochkultur ist, desto vielfältiger sind die Bereiche, in denen hohe Ansprüche an das Können, Benehmen und Wissen gestellt werden. Und in allen Hochkulturen müssen Menschen auf die unterschiedlichen Funktionen verteilt werden. Hochkulturen müssen also selektieren; und die Konkurrenz zwischen den Menschen ist darum ein wichtiger Motor für die kulturellen Dynamiken. Sämtliche Hochkulturen pflegen daher ein Menschenbild, das man im weitesten Sinne als »humanistisch« bezeichnen kann. Humanismus heißt: Der Mensch ist zwar unmittelbar Naturwesen, aber er soll es nicht bleiben, sondern er soll sich steigern, um zu einem verantwortlichen Mitglied zu werden. Alle Hochkulturen pflegen ein Ideal des Humanen. Die Besonderheit des westlichen Humanismus besteht darin, daß er das Ideal der Autonomie betont, der individuellen Mündigkeit. Ideal ist und bleibt der mündige Bürger, der selbstbestimmt sein Leben führt und mit eigenem Urteilsvermögen teilnimmt an den öffentlichen Entscheidungen seines Gemeinwesens. Das ist der tiefere Grund, weshalb das antike Menschenbild aus Europa so lange nicht verschwinden kann, wie Europa an seiner republikanischen Tradition festhält; denn die politische Mündigkeit ist eben unauflöslich konnotiert mit der antiken Kultur.

Dem Artikel 1 der Menschenrechte liegt die Idee zugrunde, daß die Menschen von Natur aus nicht ungleich, sondern gleich sind. Obwohl die Begabungen, die Anlagen und Voraussetzungen erheblich differieren können, sind die Unterschiede nicht so groß, daß die einen von Natur aus zum Herrschen, die anderen zum Dienen bestimmt wären. Die Gleichheit an fundamentalen Rechten (und auch die Gleichheit an zivilen Rechten) macht die Menschen also nicht zu sozial Gleichen, sondern gibt ihnen die gleiche rechtliche Chance, sehr ungleiche Kompetenzen und Positionen zu erwerben. Genauso wie im Sport die Chancen gleich sein müssen, damit auf faire Weise die Ungleichheit des Könnens sichtbar wird.

Selbstbestimmtheit und Mündigkeit verlangen, daß die Menschen von ihren Rechten Gebrauch machen, und zwar individuell. Nicht zufällig sind die Menschenrechte Individualrechte. Nun gibt es aber Menschen, die von ihren Rechten keinen Gebrauch machen können, wobei dieses Unvermögen nicht aus einem Mangel an finanziellen oder sozialen Ressourcen stammt, sondern aus einem physischen, geistigen oder psychischem Gebrechen, sei es angeboren, sei es einem Unfall geschuldet. Von diesen Behinderungen ist hinsichtlich der menschenrechtlichen Dimension die geistige eine besondere. Denn sie bedeutet, daß die betroffenen Menschen nicht zur Selbstbestimmtheit gelangen können.

Von radikalen Inklusionsbefürwortern ist in Diskussionen häufig zu hören: Erstens seien Differenzen zwischen Menschen ganz normal, zweitens seien alle Differenzen an sich gleichwertig und gleich gültig. Unzulässig wäre es, manche Differenzen schwerer zu gewichten als andere; denn mit dieser stärkeren Gewichtung verwandle man ontologisch unvermeidliche Differenzen in willkürliche »Andersheiten«. Die Schlußfolgerung lautet: Behinderte gibt es nicht an sich, sie werden »gemacht«; sie sind nicht einmal soziale Produkte, sondern schlicht kulturelle Konstrukte. Hierin sind zwei Probleme enthalten: Zum einen verwischen die radikalen Inklusionisten den Unterschied zwischen körperlicher und geistiger Behinderung, zum anderen rekurrieren sie auf einen Argumentationstyp, der es erlaubt, jede Wahrheitsfrage wegzuwischen. Besehen wir den Unterschied näher. Er ist der Dekonstruktion entnommen, die in den neunziger Jahren des vergangenen Jahrhunderts weidlich und allerorten geübt wurde, bekannt geworden unter dem Namen »Radikaler Konstruktivismus«. Dieser leugnet die »objektive Realität« und erklärt sämtliche Phänomene zu semantischen Konstrukten. Auf dieselbe Weise hatte damals die amerikanische Philosophin Judith Butler behauptet, es gebe keine Frauen an sich, Frauen seien kulturelle Konstrukte; sie würden »gemacht«. Butler ignorierte die gesamte ethnologische Literatur. Denn jede Kulturwissenschaft muß sich die Fragen gefallen lassen: »Warum werden aus Mädchen keine Männer? Warum werden aus Mädchen Frauen? Und warum werden aus Jungen keine Frauen, sondern Männer?« Ganz offensichtlich sind die Jungen nicht nur verschieden von den Mädchen, sondern »anders« als die Mädchen. Wäre diese Andersheit ein soziales Konstrukt, dann müßte es viele Kulturen geben, in denen ein Großteil der Mädchen sich dafür entschiede Männer zu werden, und ein Großteil der Jungen würde zu Frauen. Doch eine solche Kultur gibt es nicht; alle erfaßten und beschriebenen Kulturen machen aus den Mädchen Frauen und aus den Jungen Männer. Diese Andersheit ist somit kulturunabhängig, also eine Invariante. Es gibt Andersheiten, die auf präkulturellen Gegebenheiten beruhen. Und es ist unaufrichtig, das abzustreiten. Indes, indem man diese Sachverhalte bestreitet, läßt sich die Jagd auf den Schuldigen eröffnen: Die Gesellschaft erzeugt eine Behinderung mit ihren diskursiven und sozialen Praktiken; sie dafür in Haftung zu nehmen ist nur legitim.

Wenn die radikalen Inklusionisten recht hätten, müßten sie sich mit der Forderung begnügen, daß sich alle Kinder unterschiedslos denselben Anforderungen stellen sollen. Da es keine Behinderung an sich gibt, sondern bloß eine Vielheit von Differenzen, ist logischerweise jegliche besondere Behandlung diskriminierend, also auch jegliche besondere Förderung. Doch an dieser Stelle setzt das Orwellsche Zwiedenken ein und äußert sich im »Doppelsprech«: Der Pädagoge Hans Wocken schreibt ganz unumwunden, daß manche behinderte Kinder Sonderpädagogen brauchen, »gleichsam als ihre persönlichen Behindertenbeauftragten, damit sie im System der Normalität nicht untergehen und bestehen können«[4]. Also eine Sonderbehandlung! Im bösen System der »Normalität« würden solche behinderten Kinder untergehen, falls sie keine Sonderbehandlung erhielten. Ihre Unfähigkeit, ein selbstbestimmtes Leben zu führen, ist demnach eine objektive Tatsache. Wieso dann aber die Behauptung, es handle sich um eine bloße Differenz, wie jene zwischen grünen und braunen Augen? Der Rekurs auf den Konstruktivismus ist also pure Augenwischerei, ein Trick unaufrichtigen Argumentierens. Was Wocken sagt, ist schwerwiegend: Es gibt behinderte Kinder, die unter dem Schutz eines Betreuers bleiben müssen, der de facto ein Vormund für Alltagssituationen ist. Bei den geistig Behinderten ist das augenfällig: Sie werden als solche niemals mündige Menschen werden. Und wenn ein Mensch mit einer schweren geistigen Behinderung nie mündig werden kann, dann vermag er das Ziel, das unsere (und nicht allein unsere) Kultur ihren Mitgliedern steckt, nicht zu erreichen. Un-

---

4 Wocken, 2011, S. 214.

mündigkeit bedeutet, unfähig zu sein zur Freiheit; und diese Menschen sind – unter dauerhafter Vormundschaft – schlicht und einfach unfrei. Mit solchen Menschen hat sich die politische Philosophie seit über 2000 Jahren niemals eigens befaßt, weil sie nicht Bürger im Vollsinne sein können. Bei ihnen ist der Fall eingetreten, daß die im Artikel 1 der Menschenrechte postulierte Gleichheit von Natur nicht vorhanden ist. Diese fundamentale Ungleichheit ist so lange kein politisches Problem, wie es selbstverständlich ist, daß einerseits solche Behinderten eine besondere Fürsorge erhalten und daß anderseits niemand sich anmaßt, politische Fürsprache für dieselben zu beanspruchen. Letzteres ändert sich nun erdrutschartig: Überall melden sich »Fürsprecher« zu Wort, die Forderungen »im Namen« derer stellen, die nicht zu Wort kommen können, weil ihnen das Wort nicht zu Gebote steht. Solche Fürsprache ist eine bedenkliche Selbstbeauftragung. Denn die Selbstbeauftragten vertreten angebliche Interessen von Menschen, die überhaupt keine Zustimmung zu den Aufträgen geben können.

Das fundamentale Movens in der besagten UN-Konvention ist ein besinnungsloser Machbarkeitswahn. Die unterzeichnenden Staaten verpflichten sich, »wirksame und geeignete Maßnahmen zu treffen (...) um Menschen mit Behinderungen in die Lage zu versetzen, ein Höchstmaß an Unabhängigkeit, umfassende körperliche, geistige, soziale und berufliche Fähigkeiten sowie die volle Einbeziehung in alle Aspekte des Lebens und die volle Teilnahme an allen Aspekten des Lebens zu erreichen und zu bewahren«. Selbstverständlich ist – wie so häufig – wieder einmal nicht gemeint, was der Wortlaut sagt. Doch der Wortlaut liefert die Handhabe, Ansprüche zu stellen und Anklage zu erheben; daher lohnt es, ihn zu beachten. Wie soll ein geistig behinderter Mensch »die volle Teilnahme an allen Aspekten des Lebens« jemals erreichen? Er wird sie nicht erreichen, selbst wenn für ihn zehn Millionen Euro ausgegeben werden. Kein Staat der Welt kann schwere genetische Defekte reparieren oder kompensieren; und es gibt noch weitere Schäden, die medizinisch nicht zu beheben sind. Die UN-Konvention verpflichtet den jeweiligen Staat dazu, eine Pflicht zu erfüllen, die unerfüllbar ist. Das kann ein Staat nur, wenn er buchstäblich Gott ist. Eine solche Konvention zu ratifizieren ist reine Hybris.

Dieser Machbarkeitswahn hat Methode und System. In den Gerechtigkeitstheorien richtet er Verwüstungen an; das ist zu ersehen an John Rawls. Er behauptet, die liberale Auffassung von rechtlicher Chancengleichheit erscheine »intuitiv immer noch als mangelhaft. Einmal gestattet sie, selbst wenn sie den Einfluß gesellschaftlicher Zufälligkeiten vollkommen ausschalten könnte, immer noch, daß die Einkommens- und Vermögensverteilung von der Verteilung der natürlichen Fähigkeiten abhängt. Innerhalb der durch die allgemeinen Bedingungen gezogenen Grenzen ist die Verteilung das Ergebnis der

Lotterie der Natur, und das ist unter moralischen Gesichtspunkten willkürlich. Für den Einfluß natürlicher Fähigkeiten auf die Einkommens- und Vermögensverteilung gibt es keine besseren Gründe als für den geschichtlicher und gesellschaftlicher Zufälle. Außerdem läßt sich der Grundsatz der fairen Chancen nur unvollkommen durchführen, mindestens solange es die Familie in irgendeiner Form gibt.«

Dann fordert er, die Macht der »gesellschaftlichen und natürlichen Zufälligkeiten« zu brechen. Rawls verlangt tatsächlich, »unverdiente Ungleichheiten« müßten »ausgeglichen werden«.[5] Und wie soll das geschehen? Soll man die elterlichen Bibliotheken verbrennen, um den Kindern aus lesenden Familien jeglichen Vorsprung beim Lesen zu nehmen?

Wenn ein Sozialphilosoph die »gesellschaftlichen« und die »natürlichen« Zufälligkeiten auf eine Stufe stellt, dann ist Wachsamkeit geboten. Denn erstere sind, in gewissem Umfang, korrigierbar. Aber wer wäre imstande, die Macht der natürlichen Zufälligkeiten zu brechen? Das vermag die Medizin in einem kleinen Umfang. Darüber hinaus vermag das nur, wer die Schöpfung korrigiert und das Schicksal widerruft. Es ist, wie Wolfgang Kersting betont, ein Unterschied, ob Ungleichheiten sich ergeben als Folge sozialer Unterschiede oder als Folge natürlicher (Geburt) oder schicksalhafter (Unfall). Eine moralische Gerechtigkeitskorrektur von Ungleich-

5 Rawls, 1975, S. 94f. u. S. 121.

heiten, die keinen benennbaren Urheber haben, erfordert ein totalitäres System, wie es die Welt noch nicht gesehen hat. Denn die Diskriminierungen, die die Natur verschuldet hat, lassen sich von keinem Ausgleichsmechanismus mehr beseitigen. Vielleicht doch? Könnte man nicht schöne Menschen verunstalten, damit sie sich von den weniger schönen nicht mehr unterscheiden? In der Tat fordert dieser Wahn seine Opfer: Die nichtbehinderten Kinder sind unter solchen Bedingungen die Leidtragenden der Inklusion. Wenn die Schule zur sozialtherapeutischen Beschäftigung gerät, dann bildet sie nicht mehr. Indes, die Kinder ohne Behinderungen haben dasselbe Menschenrecht auf bestmögliche Bildung wie Kinder mit Behinderungen. Wer das bestreitet, verstümmelt die Menschenrechte für alle zu Sonderrechten für eine bestimmte Gruppe. Und dann sind Menschenrechte keine Menschenrechte mehr. Was sich an dieser Konvention bewahrheitet, ist die alte Befürchtung, die Menschenrechte dienten nicht mehr dem Schutz von Menschen, sondern würden mißbraucht, um Sozialprogramme mit partikularer Orientierung zu befördern, getragen von einem »Universalismus in partikularer Absicht«.

Immer dann, wenn Menschen Unveränderbares nicht als solches anerkennen, sondern wenn sie daraus eine Bringschuld der Gesellschaft machen, immer dann kommt die Sündenbocksuche auf Hochtouren. Wenn die Vorgabe der UN-Konvention nicht zu erfüllen ist, dann kann es ja nicht an der Unmöglichkeit liegen, sie zu erfüllen. Es muß am bösen Willen derer liegen, die nicht erfüllen wollen. Ganze Kommunen werden zu moralisch Schuldigen, wenn nicht gelingt, was nicht gelingen kann, ganze Landesregierungen, ganze Staaten. Und zu moralisch Schuldigen werden nicht zuletzt ganze Generationen von Lehrern, die diese unmögliche Aufgabe bewältigen sollen. Es wird ein riesiges Feld für Anklagen, Lamentieren, Bezichtigen und Diffamieren entstehen, auf dem man ausbleibende Erfüllung einklagen wird, um erhebliche soziale Ressourcen umzuleiten, egal woher diese Ressourcen stammen und wem sie genommen werden. Und sie werden auf jeden Fall anderen genommen.

Die UN-Konvention zur maximalen Integration behinderter Menschen ist zustande gekommen auf »postdemokratische« Weise. Die »Postdemokratie« läßt internationale Gremien – UN, UNESCO, Kommissionen der Europäischen Union, Internationale Gerichtshöfe – zu Machtzentren heranwachsen, die sich jeglicher demokratischen Legitimation entheben. Die UN hat ihren Daseinsgrund und ihre Daseinsberechtigung in der Konfliktlösung zwischen Völkern oder innerhalb von Staaten. Sie ist ein bürokratisches Gebilde und notwendigerweise ohne demokratische Legitimation. Denn es gibt noch kein Weltvolk, das ein Weltparlament wählen könnte; und die meisten Mitgliedsländer der UN sind keine Demokratien. Die Verbindlichkeit von UN-Konventionen ergibt sich aus dem völkerrechtsähnlichen Status von ratifizierten Verträgen, nicht aus einer demokratischen Legitimation. In ansteigendem Maße betreffen die Konventionen nicht völkerrechtliche Themen, sondern soziale Belange.

Auf den ersten Blick scheint es ein universalistisches Anliegen, ein Menschenrecht einzuklagen, indem man eine Konvention abfaßt, die sukzessive von den einzelnen Staaten unterzeichnet wird. Doch in Wirklichkeit verwüstet ein Universalismus in partikularer Absicht die Wechselseitigkeit. Er forciert Ansprüche, die sich entweder aus einer interessegeleiteten »Verteilungsgerechtigkeit« herleiten oder aber aus sehr partikularisierten und selektiven Einforderungen von exzessiv ausgelegten Menschenrechten. Partikulare Politik instrumentalisiert einzelne universale Werte, um tendenziell oder unverhohlen andere zu negieren. Während der fundamentale Artikel 4 und die Religionsfreiheit mitnichten befolgt werden, ergehen sich lautstarke NGOs in sozialen Forderungen unter dem Deckmantel der Menschenrechte. Nichts könnte die Menschenrechte in schlimmeren Verruf bringen. An die Spitze dieses Trends hat sich der UN-Menschenrechtsrat gesetzt. Die Initiativen dieses Rates bestehen vor allem darin, sich vage auf irgendein Menschenrecht zu berufen, um repressivsten Regimen und Kulturen Freibriefe auszustellen, damit diese die fundamentalen Menschenrechte mit Stiefeln treten dürfen, und um jegliche Kritik daran als Rassismus zu denunzieren. Es ist leider nicht von der Hand zu weisen: Der Universalismus wird in den letzten beiden Jahrzehnten in einem Ausmaß diskreditiert, das seine Idee nicht mehr lange unbeschadet wird ertragen können.

Und wie werden die Anforderungen solcher internationaler Konventionen in nationales Recht umgesetzt? Es bleibt den Parlamenten nur beifälliges Akklamieren übrig. Flankierend nötigen die Urteile supranationaler Gerichtshöfe de facto den Regierungen die Leitlinien des Handelns auf. Auch die gewählten Repräsentanten in den Parlamenten rebellieren gegen diese Diktatur nicht mehr. Der Grund für diese fügsame Hinnahme eines Untertanenstatus liegt in den habituellen Veränderungen der Parlamentarier – Veränderungen, die herrühren aus einem historischen Wandel der Parlamente, hinsichtlich der Arbeitsweise und auch der Funktionen. In der *contre-démocratie* ersinnen supranationale Schaltstellen ohne demokratische Legitimation das sogenannte Gute, bringen es in Gesetzesform, verabschieden es und überstellen es den Regierungen zur Ratifizierung. Eine solche »Gegendemokratie« braucht keinen Volkswillen mehr und kommt ohne Parlamentsbeschlüsse aus. Sie erfüllt sich durch die Oktroyierung internationaler Konventionen – unter prinzipieller Mißachtung der Volkssouveränität und bei strenger Vermeidung von zivischer Partizipation. Die Völker der unterzeichnenden Staaten werden reduziert zu Objekten erzieherischer Maßnahmen. Eine »Diktatur des Guten« steigt auf.

Eine bullige Zugmaschine hin zu dieser Diktatur sind die Gerichtshöfe. Der Europäische Gerichtshof für Menschenrechte (EGMR) hat im August 2012 die ETA-Terroristin Inés del Rio, wegen 23fachen Mordes verurteilt zu 3000 Jahren Haft, zum Opfer der spanischen Justiz erklärt und den spanischen Staat dazu verurteilt, der Massenmörderin 30.000 Euro Entschädigung zu bezahlen, weil Spanien die lebenslängliche Haft per Gesetz auf 30 Jahre verlängert hat. Diese Rechtsprechung hat Methode. Am 1. Juni 2010 urteilte die Große Kammer des EGMR mit elf gegen sechs Stimmen, daß der Kindesmörder Magnus Gäfgen ein Opfer unmenschlicher Behandlung geworden sei – nach Art. 3 der Europäischen Menschenrechtskonvention –, da ihm im Verhör Folter angedroht wurde. Im Dezember desselben Jahres verteidigte die Richterin Renate Jäger das Urteil mit der Begründung: »Es darf auch dann nicht gefoltert werden, wenn der Bestand des Staates auf dem Spiele steht.« Damit gab sie einen kardinalen Satz der Urteilsbegründung wieder.[6] Die Radikalität, mit der die Große Kammer einen einzigen Gesichtspunkt vereinseitigt hat, genießt tragischen Charme. Sie beeindruckt beinahe ebenso wie jene Vereinseitigung der aischyleischen Erinnyen, die

---

6 »Unlike most of the substantive clauses of the Convention, Article 3 makes no provision for exceptions and no derogation from it is permissible under Article 15 § 2 even in the event of a public emergency threatening the life of the nation.« (EGMR, no. 22978/05 vom 1. Juni 2010, Punkt 87)

nicht bloß keine Gegenargumente anerkennen, sondern solche nicht einmal gewahren. Fiat ius, pereat mundus. Kein Gedanke daran, daß ohne Rechtsstaat jedes Menschenrecht sofort Makulatur wird. Zwar hatte dieselbe Richterin in einem früheren Interview gesagt: »Der Rechtsstaat ist das Fundament für den Menschenrechtsschutz.« Doch aus dieser Aussage folgert sie nichts. Beide Sätze, jenes grelle Prinzip und diese achtlose Aussage, sind vollkommen auseinandergerissen, stehen in keinerlei logischem Verhältnis zueinander, dokumentieren eine vollendete Begriffslosigkeit. Uns begegnet hier die vollständige Abtrennung isolierter Rechtsprinzipien vom Ganzen des Rechts. Ein Postulat ohne die geringste Rücksichtnahme auf die politischen Bedingungen der Möglichkeit seiner eigenen Verwirklichung ist ein semantischer Grenzfall. In ihm erreicht der Gegensatz von politischer Freiheit und individueller Freiheit seinen anarchistischen Endpunkt: Das individuelle Recht gilt sogar um den Preis des Verlustes der Rechtsordnung. Wäre dieser Staat nicht mehr handlungsfähig, würde täglich und allerorten nicht bloß mit Folter gedroht, sondern gefoltert. Wie ist es möglich, diesen sicheren Rückfall in die Barbarei und in den Krieg aller gegen alle einfach aus dem Denken auszublenden? Alle Verdinglichung ist, so sagte es einst Adorno, ein Vergessen. Das Ausblenden ist möglich, sobald der erreichte Rechtszustand nicht mehr als historische Errungenschaft erinnert wird, deren Entstehung einen Preis hatte und für deren Aufrechterhaltung wir kulturelle Kosten zu erbringen haben. So verwandelt sich eine historische Errungenschaft in eine naturverbürgte Gegebenheit. Wer die Bedingungen vergißt, darf überall und jederzeit radikal denken.

Das besagte Urteil tadelt die deutsche Rechtsprechung, sie habe die betreffenden Beamten zu milde bestraft, somit sei »der Abschreckungseffekt zu gering«. Man soll demnach die Vollzugsorgane des Gemeinwohls nicht bloß kontrollieren, sondern sogar dort einschüchtern, wo die im Vollzug tätigen Bürger sich einem Grenzfall gegenübersehen. Nun steht außer Frage, daß der Artikel 3 vonnöten ist; die Frage ist, wie weit seine Geltung reicht. Die Urteilsbegründung stellt mithin die Idee des Gemeinwohls unter moralischen Verdacht. Es ist eben ganz einfach, mit radikalisierten Individualrechten jegliche Idee eines Gemeinwohls zu zerstören; mit ihnen läßt sich die Gesellschaft selbst zum Schuldner stempeln. Man braucht bloß das Handeln von seinen kulturellen und politischen Bedingungen abzulösen, dann stellt sich eine sublime Bequemlichkeit ein, ein selbstgefälliges Troglodytentum, das zu Wort kommt als unauffällige Variante eines Terrorismus des Guten.

Indes, die historische Müllhalde, auf der solche Behörden gerechterweise landen, wartet schon. Es gibt gute rechtsphilosophische Gründe anzunehmen, daß weder solche Urteile noch obige Konventionen irgendeine staatsrechtliche Verbindlichkeit haben. Gewiß, eine kantische Weltrepublik hätte die Fähigkeit, solche Konventionen zu schaffen und ihnen Legitimität zu geben. Doch solange eine solche Weltrepublik nicht existiert, ist es ein politisches Gebot europäischer Intellektualität, die Diktatur des Guten zu begrenzen. Diese Grenzen setzt der Wille der einzelnen Völker, der sich in Volksentscheiden äußert. Nur in dieser institutionellen Form kann das souveräne Volk seinen Willen klar und verbindlich äußern.

Cohn-Bendits Minarette: Nicht das Volk soll herrschen, sondern das Gute!

Als das Schweizer Volk am 30. November 2009 in einem Volksentscheid den Bau von Minaretten untersagte, bot die politische Klasse ein Lehrstück dessen, was sie unter Demokratie verstand. Die Medien hielten sich nicht zurück. Sie schleppten das Volk mit der längsten demokratischen Tradition in der neuzeitlichen Welt zum Pranger. Der Mangel an Respekt vor dem institutionell artikulierten Volkswillen läßt ahnen, wie wenig die Demokratie wert ist – nicht allein den journalistischen Meinungsführern, sondern auch Politikern, denen man eher zugetraut hätte zu wissen, wie kostbar die Institutionen der direkten Demokratie sind.

Nie zuvor hat Europa eine größere Religionsfreiheit genossen als heute. Aber wer ein kurzes Gedächtnis hat, sieht nicht diese Ausweitung, sondern stört sich an einer Maßnahme, diese Freiheit einzuschränken. Dabei sind ihm in der Regel zwei Dinge egal: zum einen, daß die Freiheit der Bürger sich vor allem einer Einschränkung der Macht von Religionen verdankt, was schon Marsilius von Padua unterstrichen hatte; zum anderen, daß gerade im Fall der Minarette eine solche Einschränkung angemessen ist. Ist einem das egal, braucht man nur noch zwei Dinge zu tun: Erstens – man streitet die Gefährlichkeit politischer Religionen ab und erklärt die Warner zu Panikmachern; zweitens – man bezeichnet die konkrete Maßnahme als »Trend, die Freiheiten einzuschränken«, oder gar zur totalitären Unterdrückung von Alterität. Letzteres ruft zuverlässig die antifaschistischen Reflexe auf den Plan und mobilisiert den Rassismusverdacht.

Ob die Moscheen Minarette haben oder nicht, ist für die freie Religionsausübung völlig egal. Indes, die Minarette haben eine symbolische Bedeutung. Der türkische Ministerpräsident Erdogan, der keine Anstrengung ausläßt, die deutschen Staatsbürger entlang ihrer ethnischen Herkunft und entlang der Religionsgrenze zu spalten, hat das 1997 in programmatischer Klarheit ausgedrückt: »Die Demokratie ist nur der Zug, auf den wir aufsteigen, bis wir am Ziel sind. Die Moscheen sind unsere Kasernen, die Minarette unsere Bajonette, die Kuppeln unsere Helme und die Gläubigen unsere Soldaten.«

Erdogan führt Kulturkrieg; er meint es ernst. Die Minarette sind die Bajonette gegen die europäische Kultur. Die älteste nachantike Demokratie der Welt hat sich gewehrt. Das Schweizer Volk hat die Bajonette des islamischen Gottesstaates verboten – am 29. November 2009. Für alle, denen die freiheitlichen Grundwerte etwas bedeuten, ein großer Tag.

Sofort nach der Abstimmung rief der Fraktionspräsident der Grünen im Europaparlament, Daniel Cohn-Bendit, die reichen Muslime dazu auf, ihr Geld von den Schweizer Banken abzuziehen: »Die Kassen der Eidgenossenschaft leeren: Das ist es, was man tun müsste.« Wenig später forderte Gaddafi, die Schweiz als Staat aufzulösen und an die Nachbarstaaten zu verteilen. Auf die Einheitsfront von Linken und Mörderdiktaturen ist seit einem halben Jahrhundert Verlaß gewesen. Dennoch bestürzt die Unverfrorenheit, mit der ein prominenter Politiker, um sich für Religionsfreiheit stark zu machen, Staaten zu Hilfe ruft, die keine Religionsfreiheit zulassen. Vergessen wir nicht: In keinem islamischen Land können Menschen zum Christentum konvertieren, ohne daß ihnen der Tod droht. Bis heute dürfen in keinem Land, in dem die Scharia herrscht, Kirchen gebaut werden; in der Türkei ist seit 1972 keine Priesterausbildung mehr möglich; in keinem moslemischen Land sind Christen gleichberechtigt. Es hat unter dem Islam nie Religionsfreiheit gegeben. Daher auch das totale Missionsverbot für alle anderen Religionen. In der Türkei dürfen sich

Christen nicht als Christen »outen«, müssen in ihren Pässen den Eintrag »Moslem« erdulden. Erinnern wir uns? Drei Jahre zuvor war der Priester Andrea Santoro im türkischen Trabzon ermordet worden; ein halbes Jahr nach Cohn-Bendits Hetze wurde der Vorsitzende der türkischen Bischofskonferenz, Luigi Padovese, ermordet; die Morde wurden begleitet von verlogenen Stellungnahmen türkischer Politiker, die sich nicht scheuten, die Opfer noch zu Tätern zu machen. Der Angriff von 20.000 Muslimen auf die Marienkirche in Kairo am 26. November 2008 lag ein Jahr zurück, als Cohn-Bendit an die arabischen Länder appellierte. In Ägypten müssen Christen periodisch erleiden, was Juden in Deutschland in der »Reichskristallnacht« erlitten; hinzu kommen die ständigen Verschleppungen christlicher Mädchen und die Vergewaltigungen. Hat das Cohn-Bendit jemals interessiert?

Cohn-Bendit erklärte, es sei eine »schändliche Abstimmung«: »Die Mehrheit hat nicht recht!« Die Mehrheit habe paranoid auf unberechtigte Ängste reagiert. Die Mehrheit der Deutschen sei 1933 ebenfalls »gegen die Juden gewesen«. Nun hat das deutsche Volk in den Wahlen 1932 und 1933 nicht über die Juden abgestimmt; und es ist zweifelhaft, ob die Mehrheit »gegen die Juden« war. Aber mit solchen gedächtnispolitischen Messerstichen lassen sich Parallelen plausibilisieren, die sachlich in keiner Hinsicht bestehen. Entscheidend ist, daß Cohn-Bendit das »Rechthaben« zum Gradmesser dafür macht, ob eine Entscheidung gilt oder nicht. Seine Erhitzung brachte jäh zum Vorschein, wie den Altlinken seine Vergangenheit einholte. Treuherzig legte er sein Verständnis von Demokratie offen: Es sei Pflicht der politischen Elite, das Volk für eine neue Abstimmung zu mobilisieren; vor den Befürchtungen im Volk zu kapitulieren wäre eine Niederlage für alle Demokraten; »die Schweizer müssen nochmals abstimmen!«. Als man ihm entgegenhielt, das sei fehlender Respekt vor dem Schweizer Volk, beteuerte er: »Ich respektiere das Schweizer Volk!« Die Entgegnung: »Aber nicht seinen Willen!«, ließ den wortgewaltigen Altlinken verstummen. In der Tat: Die Linke jedweder Schattierung trägt die Male des leninistischen Dracula-Bisses: Sie hat das Volk vergöttert und auf dessen demokratisch geformten Willen gepfiffen. In Kommentaren, insbesondere deutscher Zeitungen, hallte der moralinsaure Klang gutmenschlicher Empörung. Wie ein Wetterleuchten im Dunkel der wuselnden parteipolitischen Phrasen belichtete der empörte Aufschrei jäh die demokratiefeindliche Gesinnung, die sich ausbreitet in den Studios, in den Redaktionsstuben, in den Seminarräumen und unter den Tonangebern der sogenannten öffentlichen Meinung.

Es lohnt, jene Religion näher zu besehen, deren Minarette der legitimierte Wille des souveränen Volkes aus der Schweiz verbannte.

Der gefährlichste Rechtsextremismus der Gegenwart

Djihad. Gottgewollter Krieg zur Unterjochung der Ungläubigen

»DANN wollen wir, daß die Fahne des Islam wieder über diesen Landschaften weht, die das Glück hatten, eine Zeitlang unter der Herrschaft des Islam zu sein und den Ruf des Muezzins Gott preisen zu hören. Dann starb das Licht des Islam aus und sie kehrten zum Unglauben zurück. Andalusien, Sizilien, der Balkan, Süditalien und die griechischen Inseln sind alle islamische Kolonien, die in den Schoß des Islam zurückkehren müssen. Das Mittelmeer und das Rote Meer müssen wieder islamische Binnenmeere wie früher werden (...).«[1]

Diese Sätze stammen nicht von Al-Qaida; sie finden sich im Programm, das der Gründer der Muslim-Bruderschaft Hassan Al-Banna in einer Rede formulierte. Planmäßige Rückgewinnung »verlorener« Gebiete gehört in die Programme von Staaten, die um territoriale Machtausübung kämpfen, also von politischen Gemeinschaften. Wie kann sie ins Pro-

1 Zitiert nach Ghadban, 2006, S. 141.

gramm einer Religion gehören? Ist der Islam eine Religion wie andere auch?

Eine umfassende Antwort auf die letzte Frage liegt außerhalb meiner Kompetenz. Doch jeder komparatistisch arbeitende Kulturhistoriker ist imstande, einzelne Aspekte zu beurteilen: erstens den Djihad, also den göttlichen Auftrag, Krieg gegen die Ungläubigen zu führen, zweitens die Dhimmitude, der Nicht-Muslime unterworfen werden, drittens die theokratische Ausrichtung der moslemischen Herrschaft. In Diskussionen bekommt man häufig den Vorwurf zu hören: »Das ist undifferenziert! ›Den‹ Islam gibt es gar nicht.« Indes, das ist ein demagogischer Trick. Demnach gäbe es auch »das Christentum« nicht; es gäbe dann auch »das Judentum« nicht; und »den Nationalsozialismus« gab es dann ebenfalls nicht. Ohne Kategorisieren ist Denken nicht möglich; und alles Bestimmen heißt, wie Spinoza sagte, Abgrenzen und Unterscheiden. Verzichten wir darauf, dann hören wir auf zu denken.

Es ist selbstverständlich, daß historische Gebilde, seien es Staaten, Kulturen, Religionen oder Ideologien, ständig in Bewegung sind und sich zu Synkretismen und Hybriden ausformen. Wenn die Aleviten glauben, sie selber seien Muslime, und wenn die Sunniten die Aleviten als Nicht-Muslime verfolgen – so bei dem Pogrom im Südosten der Türkei 1974 –, dann ist das kein Beweis dafür, daß es »den Islam« nicht gibt, sondern im Gegenteil: Beide Seiten beanspruchen die islamische Rechtgläubigkeit für sich. Nur indem menschliche Gruppen mit identitätssichernder und identitätsverstärkender Absicht sich beziehen auf Überzeugungen, Werte, Symbole und Hierarchiepotentiale, entstehen überhaupt historische Entitäten, nämlich Vergemeinschaftungen. Jeder historische Begriff kann essentialistisch gebraucht werden. Denn die Akteure selber sind Essentialisten; sie glauben an die Essenzen und müssen daran glauben, wie Pierre Bourdieu immer wieder betonte: Denn sie wollen handeln, nicht begreifen. Dass die Scharia selber historischen Modifikationen unterliegt und daß die Auslegungen sich verändern, ist eine banale Einsicht. Entscheidend ist die Konstanz der Tradition wichtiger Kernpunkte, eine Tradition, die aufrechterhalten wird durch das, was Jan Assmann die Textpflege im kulturellen Gedächtnis nennt.[2]

Zurück zum Manifest des Gründers der Moslem-Bruderschaft. Es enthält dieselbe Aussage wie jener Aufruf des Ayatolla Chomeini, Djihad gegen die USA zu führen. Aber was ist der Djihad? Der Islam ist diejenige unter den Weltreligionen, die sich vor allem durch kriegerische Expansion ausgedehnt hat, innerhalb von 90 Jahren vom Indus bis über die Pyrenäen hinaus. Diese rein militärische Expansion einer Religion ist einmalig. Sie resultierte

2 Conte/Esser, 1995; Assmann, 1992, S. 87–129. Peters spricht von der »classical doctrine«, die sich über die Jahrhunderte durchgehalten habe (ders., 1980). Ebenso: Khadduri, 1955, und Turner Johnson, 1997.

aus der Pflicht zum Djihad. Die erste umfangreiche Abhandlung über den Djihad stammt von Abd al-Rahman al-Awzai (gest. 774) und Mohammed al-Shaybani (gest. 804). Die »klassische Doktrin« wurde bis zum Anfang des 9. Jahrhunderts in eine systematische und umfassende Form gebracht. Ihre Ideologie, Ausgestaltung und Regeln sind inzwischen gut erforscht, vor allem von Majid Khadduri, James Turner Johnson und Rudolph Peters.[3] Hier ihre relevanten Merkmale:

a) Einteilung der Welt: Die moslemischen Juristen teilen die Welt in zwei Teile, nämlich das »Land des Islam« und das »Land des Krieges«. Die Einteilung bemißt sich danach, wo der Islam herrscht – in Gestalt der Scharia – oder wo er nicht herrscht. Diese Dichotomie ist keine religiöse, sondern eine politische. Die Gemeinschaft der Muslime, die Umma, ist folglich eine politische Gemeinschaft; das heißt, in ihrem Inneren darf es keinen Krieg geben – ausgenommen denjenigen gegen Rebellen und gegen Häresien. Da die Rechtsgelehrten die Pluralität von politisch autonomen Gemeinwesen innerhalb der Umma nicht anerkannten, vermochten sie – im Unterschied zu den christlichen Gelehrten – keine Doktrin des »gerechten Krieges« *(bellum iustum)* zu entwickeln.[4]

---

3 Dazu: Peters, 1995, S. 370.

4 Khadduri, 1955, S. 54, u. Turner Johnson, 1997, S. 60–65. Dazu umfassend: Turner Johnson, 1981, Kapitel 4 und 5.

b) Pflicht zur Unterwerfung der Ungläubigen: Zwischen den beiden Teilen der Welt herrscht naturgemäß so lange Krieg, bis das Land des Krieges nicht mehr existiert und der Islam über die Welt herrscht (Sure 8, 39 u. 9, 41). Daraus folgt die Pflicht, gegen die Ungläubigen Krieg zu führen, bis diese sich bekehren oder sich unterwerfen. Dieser Krieg heißt Djihad: Der allgemeine Befehl Gottes zum Djihad wird entnommen aus Sure 9, 29: »Kämpfet wider jene von denen, welchen die Schrift gegeben ward, die nicht glauben an Allah und an den Jüngsten Tag und nicht verwehren, was Allah und Sein Gesandter verwehrt haben, und nicht bekennen das Bekenntnis der Wahrheit, bis sie den Tribut aus der Hand gedemütigt entrichten.«

Lautete der Missionsbefehl Jesu, alle Völker zu bekehren, ihnen aber ihre politische Ordnung zu lassen, so besteht das Ziel des Islam darin, alle nichtmoslemischen Staaten militärisch zu zerschlagen, alle Nichtmosleme politisch zu unterwerfen, ihnen aber ihre Religion zu lassen, falls es Buchreligionen sind. Diese moslemische Besonderheit hebt der berühmte Gelehrte Ibn Chaldun im 14. Jahrhundert eigens hervor: Das Judentum sei zwar fähig, sich politisch im Diesseits zu behaupten, doch es habe keinen universalen Anspruch; umgekehrt habe das Christentum zwar einen universalen Anspruch, doch es verfolge ihn nicht mit politischen und militärischen Mitteln. Daher sei der Islam beiden Religionen überlegen, denn er vereine beides:

»Im Islam ist der Djihad gesetzlich vorgeschrieben, weil er einen universalen Auftrag hat und gehalten ist, die gesamte Menschheit freiwillig oder gezwungen zur Religion des Islam zu bekehren«.

Folgerichtig nennt M. Khadduri das Land des Islam »einen göttlichen nomokratischen Staat auf einer imperialistischen Basis«.[5]

c) Angriffskrieg: Der Djihad ist naturgemäß ein Angriffskrieg; doch er bedarf einer förmlichen Eröffnung. Im Jahre 966 formulierte Ibn Abi Zayd al-Qayrawani – Vertreter der malikitischen Schule – die Rechtmäßigkeit der moslemischen Aggression folgendermaßen: »Der Djihad ist eine Pflicht göttlichen Ursprungs (...) Für uns Malikiten ist es besser, keine Kampfhandlungen mit dem Feind zu beginnen, bevor man ihn nicht aufgefordert hat, die Religion Allahs anzunehmen, es sei denn, der Feind greift zuerst an. Es gibt zwei Möglichkeiten: Entweder bekehren sie sich zum Islam oder sie müssen die Kopfsteuer (Jizya) bezahlen; andernfalls werden sie bekämpft (...).«[6]

Die Gelehrten waren früher weit davon entfernt, den aggressiven Charakter solcher Kriege zu leugnen. Inzwischen bemühen sie sich – nicht intern, aber vor einer nichtmoslemischen Öffentlichkeit –, die Eroberungskriege mit dem internationalen Recht,

---

5 Allgemein hierzu: Flaig, 2007; Khadduri, 1955, S. 51–73 u. S. 63; Swynford Lambton, 1981, S. 208f.

6 Ibn Abi Zayd al-Qayrawani, La Risala, S. 163.

das bekanntlich Angriffskriege verbietet, in Einklang zu bringen. So behauptete 1948 Scheich Schaltut von der Al-Azhar-Universität einerseits, der Islam sei nicht mit Gewalt ausgedehnt worden, anderseits rechtfertigte er die Eroberung des größten Teils des Byzantinischen Reiches sowie Persiens damit, daß dies notwendig gewesen sei, um die Heilsbotschaft auszubreiten: »Muslime griffen andere Völker nur an, wenn diese mit Feindseligkeit, Opposition und Widerstand auf die Missionierung reagierten und diese verschmähten.«[7]

Er identifiziert die muslimische Kriegsankündigung – mit der Alternative, entweder den Islam anzunehmen oder sich zu unterwerfen – mit Missionsfreiheit. Freilich unterliegt diese keinerlei Wechselseitigkeit; sie ist gepaart mit einem absoluten Verbot für andere Religionen, im Land des Islam zu missionieren. Denn der Versuch, Gläubige zum Abfall zu verführen, wiegt schwerer als ein Mord (Sure 2, 217).

d) Kriegerisches Märtyrertum: Moslemische Kämpfer sind berühmt für ihre Tapferkeit. Ihre vergleichsweise höhere Todesbereitschaft liegt darin begründet, daß sie als Märtyrer gelten, wie Sure 4, 74 verheißt: »Und so soll kämpfen in Allahs Weg, wer das irdische Leben verkauft für das Jenseits. Und wer da kämpft in Allahs Weg, falle er oder siege er, wahrlich, dem geben wir gewaltigen Lohn.«

---

7 Zitiert bei Mayer, 1988, S. 204.

Der Unterschied zum christlichen Begriff des Märtyrers ist fundamental. Zwar kämpfen auch christliche Märtyrer für ihren Glauben; sie imitieren allerdings das Leiden Jesu, ein rein passives Erleiden von Folter und Tod. Ihr Martyrium erfordert einen radikalen Verzicht auf Gegenwehr und Gewalt. Der moslemische Märtyrer findet den Tod im bewaffneten Kampf gegen den ungläubigen Feind. Daher haben einzelne Rechtsgelehrte schon im Mittelalter das »Selbstmordattentat« scharf vom gewöhnlichen Selbstmord, der eine Sünde ist, unterschieden und haben es gerechtfertigt.[8] Die gesteigerte Todesbereitschaft hat direkte militärische Bedeutung. Denn Muslime sollten idealiter einer zehnfachen Übermacht standhalten (Sure 8, 65): »O du Prophet, feuere die Gläubigen zum Kampfe an; sind auch nur zwanzig Standhafte unter euch, sie überwinden zweihundert, und so unter euch hundert sind, so überwinden sie tausend der Ungläubigen (...)«

Seit Ibn Hanbal erlauben die meisten Rechtsgelehrten den Rückzug, falls man einer mindestens doppelten Übermacht des Feindes gegenübersteht.[9] Diese Besonderheit – ein religiös motiviertes verallgemeinertes Heldentum – unterscheidet den Djihad von anderen Kriegsformen. Da die entscheidende

---

8 Zum Verhältnis von Märtyrertod und Selbstmord in der klassischen Lehre siehe: Denaro, 1996; Kohlberg, 1997.

9 Das entspricht dem sofort nachfolgenden Satz (Sure 8, 66). Dazu Khadduri, 1955, S. 133–137.

Ressource jedes Krieges der kämpfende Mensch und seine Opferbereitschaft ist, mußten langfristig sämtliche Feinde unterliegen, falls ihre Kampfmoral nicht eine muslimische Höhe erreichte. Höhere Todesbereitschaft erbrachte enorme Vorteile in der Gefechtssituation: So ließen sich waghalsige Operationen angehen und kühne Manöver, die den Feind überraschten und verwirrten; so ließen sich Siege erzwingen, die technisch und materiell fast nicht möglich schienen; so ließen sich noch Schlachten gewinnen, die unter üblichen Bedingungen verloren waren.

e) Kein Frieden: Islamische Herrscher vereinbarten mit nichtislamischen Gebieten über acht Jahrhunderte lang niemals einen dauerhaften Frieden, sondern immer nur kurzfristige Waffenstillstände. Diese wurden höchstens für zehn Jahre abgeschlossen (Hanifi und Shafi'i-Schule); manche Gelehrte erlaubten nur drei bis vier Jahre Waffenruhe.[10] Die kurzen Fristen ermöglichten es den militärisch überlegenen Muslimen, die Gegenseite unentwegt zu erpressen; auf diese Weise haben die islamischen Länder im Laufe der Jahrhunderte riesige Mengen an Geld und Menschen erbeutet. Als sich die Kräfteverhältnisse verschoben, mußte man die Praxis ändern. So schloß 1535 Suleiman der Prächtige mit dem französischen König einen Frieden, der so lange gelten sollte, wie der Sultan lebte – ein

10 Siehe: a. a. O., S. 219–221 u. 272–274.

Bruch mit der Tradition. Ein grausames Zeugnis der unentwegten moslemischen Aggression waren die Angriffe auf die Küsten der christlichen Länder im Mittelmeer und die Versklavung von etwa 1,2 Millionen Europäern. Es gehört zum Ruhme der jungen amerikanischen Republik, daß sie unter der Präsidentschaft von Thomas Jefferson ein Zeichen setzte, die Häfen von Tripolis und Algier angriff und die Europäer dazu anregte, der islamischen Piraterie zwischen 1815 und 1830 ein gewaltsames Ende zu bereiten.

f) Kriegsregeln: Die Kriegsregeln des Djihad sind flexibel; von der Schonung über die Massenversklavung bis zur massenhaften Tötung ist alles möglich; das gleicht dem, was wir aus der Antike kennen.[11] Dieser weite Spielraum unterscheidet die Kriege des Islam von denjenigen des alttestamentlichen Israel, wo die Spielräume entweder ganz auf Null gingen – falls ein Charismatiker den Willen Gottes verkündete – oder erheblich reduziert waren, falls man, wie es die Makkabäer taten, das Kriegsgesetz von Deuteronomium 20 anwandte. Bemerkenswert ist die entschiedene Unterordnung aller Gesichtspunkte unter die politische Zweckmäßigkeit. Für radikalere Strömungen besitzt jeder Djihad eine endzeitliche Dimension; sie müssen »das Böse« ausrotten; sie brauchen daher weder Frauen noch

---

11 Umfassend hierzu: a.a.O., S. 118–132. Siehe: Abu Yusuf Ya'kub, Le livre de l'impôt foncier, S. 310.

Kinder noch Gefangene überhaupt zu schonen. Ihre Kriege haben seit Jahrhunderten dazu tendiert, »reine« Gebiete zu schaffen, ähnlich jenen Kriegen, die im Alten Testament für die israelitische Landnahme erzählt werden.[12]

g) Varianten: Winzige pazifistische Strömungen im Islam haben diese Lehre nicht akzeptiert. Die Schiiten akzeptieren sie zwar, verlangen aber, daß ein echter Imam die moslemische Gemeinschaft anführt. Und auf einen solchen warten sie, je nach Glaubensrichtung, schon seit Jahrhunderten. Daher gilt für sie vorläufig nur der defensive Djihad, nämlich falls die moslemische Gemeinschaft angegriffen wird. Chomeini, der sich für den Imam hielt, hatte ganz konsequent zum Krieg gegen die USA aufgerufen.[13]

Ist nun der Krieg gegen das Haus des Krieges eine individuelle Pflicht oder eine kollektive? Im zweiten Fall muß die muslimische Gemeinschaft in regelmäßigen Abständen Angriffskriege gegen die Ungläubigen führen. Im ersten Fall obliegt es den Gläubigen, auf eigene Faust in den Krieg gegen die Ungläubigen zu treten, falls die Emire zu lange Frieden mit dem Feind halten. Fatalerweise besteht darüber innerhalb der orthodoxen Tradition seit

---

12 Khadduri, 1955, S. 68.

13 Zur Schia: Turner Johnson, 1997, S. 94–99 u. 155f. Der Krieg (Grenzfall der »Bemühung«) gegen die Ungläubigen ist absolute Pflicht, falls die Umma angegriffen wird (Sure 2, 190f.).

dem neunten Jahrhundert keine Einigkeit.[14] Die Konsequenz liegt auf der Hand: Wenn Muslime allein oder gruppenweise auf eigene Faust kriegerisch agieren sollen, dann sind Attentate und Terroranschläge das Richtige. Al-Qaida ist keine Verirrung, sondern entspricht dieser Traditionslinie. Dabei verändern sich freilich die Formen der Kriegsführung: Vor allem weitet sich der Kreis der Kombattanten beträchtlich aus. Aus der individuellen Pflicht ergeben sich Taktiken, in denen Frauen und Kindern unterstützende Funktionen zufallen. Was die Radikalen auch für den offensiven Djihad verlangen, gilt bei den meisten Vertretern der orthodoxen Lehre (Sunna) nur für den defensiven: Wird der Islam angegriffen oder islamisches Territorium von Ungläubigen besetzt, dann wird der Djihad zur individuellen Pflicht. Dementsprechend verlangte eine Fatwa gegen Israel, verfaßt 1948 vom Mufti Ägyptens, Hasanayn Muhammed Makhluf, den individuellen Djihad: Denn Israel gilt als islamisches Territorium, das »befreit« werden muß; es hat demnach kein Existenzrecht, und es ist darum permanenten terroristischen Attacken ausgesetzt, die religiös legitimiert und motiviert sind. Dieser Djihad ist notwendigerweise ein totaler Krieg: Er macht keinen Unterschied zwischen Kombattanten und Nichtkombattanten, weder in den eigenen Reihen

14 Nagel, 1998, S. 221. Siehe auch: Bonner, 2004, S. 403; Turner Johnson, 1997, S. 160–164.

noch beim Feind. Gegenüber dieser totalen Kriegsführung gerät jeder Staat in Nöte, wenn er versucht, sich an die Haager Landkriegsordnung zu halten und zu unterscheiden zwischen Kombattanten und Nichtkombattanten. Bedenken wir das, dann wird uns klarer, wie schwierig es für den israelischen Staat ist, die Genfer Konvention einzuhalten.

Islamische Apartheid. Warum »Toleranz« ein untauglicher Begriff ist

Der Djihad soll zur Errichtung einer islamischen politischen Ordnung führen. Konkret führt er zur Konversion, zur Tötung, zur Versklavung oder zur Dhimmitude.[15] Was ist die »Dhimma« oder »Dhimmitude«? In der Scharia sind die Muslime die Herren, die Anhänger anderer Buchreligionen (Christen, Juden, Parsen) die Unterworfenen (Dhimmi). Dabei handelte es sich in der klassischen Zeit des Islams nicht um religiöse Minderheiten, sondern um gewaltige Mehrheiten, vor allem in Syrien, Anatolien, Nordafrika (Christen). Was kennzeichnet die Dhimmitude?

a) Die Unterworfenen dürfen keine Waffen tragen, sie sind wehrunfähig, somit keine vollwertigen Männer.

---

15 Ausführlich ist diese Apartheid analysiert bei: Vryonis, 1971; Ye'or, 2002.

b) Ihre Schuhe und ihre Kleider müssen speziell geschnitten sein, um sie kenntlich und lächerlich zu machen; Christen und Juden müssen besondere Farbmerkmale tragen. Aus dieser farblichen Diskriminierung entstand der spätere Judenstern. Ihre Häuser müssen niedriger sein, ihre Türschwellen abgesenkt. Jüdische Häuser sind oft markiert mit einer Plakette, die einen Affen zeigt, christliche mit einem Schwein.

c) Sie dürfen nicht auf Pferden reiten, sondern nur auf Eseln, um ständig an ihre Erniedrigung erinnert zu werden.

d) Sie zahlen einen besonderen Tribut (Jizya), den sie persönlich entrichten, wobei sie vielerorts einen Schlag an den Kopf erhalten.

e) Sie müssen vor Muslimen den Kopf senken und auf der linken Seite gehen.

f) Sie müssen sich von Muslimen schlagen lassen, ohne sich wehren zu dürfen. Schlägt ein Dhimmi zurück, dann wird ihm die Hand abgehackt, oder er wird hingerichtet.

g) Die Zeugenaussage eines Dhimmi gilt nicht gegen Muslime. Muslime dürfen nicht zugunsten eines Dhimmi gegen andere Muslime vor Gericht zeugen.

h) Muslime brauchen für Vergehen an einem Dhimmi nur die halbe Strafe zu tragen; und wegen Übergriffen gegen einen Dhimmi dürfen sie nie hingerichtet werden. Umgekehrt sind grausamste Hinrichtungsarten – Verbrennen, Häuten – überwiegend den Dhimmi vorbehalten.

i) Moslemische Frauen dürfen keinen Ungläubigen heiraten. Umgekehrt können moslemische Männer sehr wohl nichtgläubige Frauen heiraten, in der Erwartung, daß die Frau irgendwann konvertiert.

j) Eine besondere Drangsalierung brachte die türkische Herrschaft über das christliche Anatolien und den Balkan: Seit der Mitte des 14. Jahrhunderts wurde in unregelmäßigen Abständen bis zu einem Fünftel aller christlichen Kinder in die Sklaverei abgeführt und zwangsmoslemisiert (Devshirne). Diese Sklavenmenge dürfte im Laufe von vier Jahrhunderten in die Millionen gegangen sein; davon wurden Hunderttausende ausgewählter Knaben zu fanatischen Muslimen und zu Elitekämpfern erzogen, zu den berüchtigten Janitscharen. Diese Politik diente zur systematischen Vermehrung der moslemischen Bevölkerung und zur gravierenden und nachhaltigen Verminderung der riesigen christlichen Mehrheit; sie hatte über die Jahrhunderte einen brutalen Erfolg. Keine europäische Kolonialmacht hat sich so etwas erlaubt. Ein Protest islamischer Rechtsgelehrter gegen diese Politik ist nicht bekannt, schließlich diente diese dem mächtigsten Staat Gottes.

Die »Dhimmitude« war als Unterdrückungssystem zur Zeit des Kalifen Omar bin Abd Al-Aziz (etwa 720) fertig.[16] Sie versetzte die Nichtmuslime in eine radikale Alterität. Wie der Nationalsozialismus die

---

16 Abu Yusuf Ya'kub, Le livre de l'impôt foncier, S. 217f.

Menschen in Herrenmenschen und Untermenschen auf rassischer Basis spaltete, so hat es die Scharia auf religiöser Basis getan. Als erste Weltreligion schuf der Islam eine Apartheid, in der die christlichen oder auch parsischen Mehrheiten kolonisiert und allmählich islamisiert wurden.[17] Verschweigen wir nicht die Vorläufer: Die moslemische Unterdrückung konnte sich auf die Gesetzgebung des Kaisers Justinian stützen; diese brach mit der Tradition des Römischen Rechts, indem sie die Juden und Heiden rechtlich auf die Stufe von Häretikern stellte. Aber was sich bei Justinian andeutete – eine Ausbürgerung von Andersgläubigen –, das führte die Scharia konsequent bis zum Äußersten durch.

Wie sinnvoll ist es, hier von »Toleranz« zu reden? Toleranz ist, wie Voltaire sagt, ein böses Wort; es bedeutet, daß ein Überlegener einen Inferioren duldet. Toleranz waltet dort, wo der Tolerierte keine Rechte hat, sondern auf gewährte Gnade angewiesen ist. Insofern muß man sagen, daß der Scharia-Islam eine tolerante Religion ist. Indes, der moderne Begriff von Toleranz ist ein ganz anderer. Er beinhaltet, daß man die Andersheit bewußt anerkennt und ihr ein gleiches Recht auf Dasein zugesteht. Vor allem enthält er die Religionsfreiheit. Doch gerade Religionsfreiheit hat es unter der Scharia niemals gegeben und geben können. Denn Religionsfreiheit, wie sie in großen Teilen Ostasiens oder im

17 Vryonis, 1971; Swynford Lambton, 1981; Ye'or, 2002.

westlichen Kulturkreis existiert, umfasst die individuelle Gewissensfreiheit. Damit hat die islamische »Toleranz« überhaupt nichts zu tun: Muslime, die zu einer anderen Religion konvertieren, werden unter der Scharia getötet; die Dhimmi dürfen zum Islam konvertieren, aber nicht von einer Dhimmi-Religion zur anderen, andernfalls werden auch sie getötet. Dem modernen Begriff der »Toleranz« genügt der Scharia-Islam demnach in keiner Weise. Seine Intoleranz zeigte sich in weitreichenden historischen Handlungen:

Der Islam hat riesige Territorien religiös »gesäubert«: Der zweite Kalif machte den Hidjaz, das heißt Arabien außer dem Jemen, »christenrein« und »judenrein«; die Alternative hieß Konversion oder Vertreibung. Eine solche Säuberung hat wahrscheinlich niemals zuvor eine Religion begangen. Im Imperium Romanum gab es keine religiös motivierten Vertreibungen, auch nicht in nachkonstantinischer Zeit. Ebenso »reinigten« die Almohaden und Almoraviden ihr Spanien nach dem Zusammenbruch des Kalifats 1031: Zigtausende Juden wie Christen mußten entweder konvertieren oder ins christliche Nordspanien oder in die Levante fliehen. Etwa um 1100 war das Christentum im islamischen Teil Spaniens ausgerottet.

Der Islam hat nur den Angehörigen von Buchreligionen den Status von Dhimmi gegeben. Alle anderen Religionen wurden – wie die Scharia es verlangt – vernichtet, indem man ihre Bekenner versklavte oder tötete. Der markanteste Fall ist die totale Ausrottung des Buddhismus auf dem indischen Subkontinent durch die islamische Kolonisierung Indiens ab dem 12. Jahrhundert.

Die Unterdrückung der christlichen Religion begann allmählich, aber umso nachhaltiger. Pogrome vor allem gegen Christen, später auch gegen Juden waren endemisch. Seit dem Kalifen Al-Mutawakkil (847–861) schwappten immer wieder Verfolgungen über den Orient und Nordafrika, wobei Juden und vor allem Christen zwangsmoslemisiert, vertrieben oder massakriert wurden. 1058 wurde das christliche Antiochia unter Folter und Todesdrohungen moslemisiert. 1159 standen sämtliche Christen von Tunis vor der Wahl, zu konvertieren oder zu sterben. Um diese Zeit wurde das ehemals so vitale Christentum Nordafrikas vollends vernichtet. Entgegen dem verklärten Bild, das der europäische Antiimperialismus im 19. Jahrhundert vom muslimischen Spanien gemalt hat, kam es 889 in Elvira und 891 in Sevilla zu Pogromen gegen Christen.

Und die Pogrome gegen Juden? Es ist an der Zeit, ein Zerrbild vom europäischen Mittelalter zu korrigieren. Yosef Yerushalmi hat 1993 klargestellt: »Massenmord gab es im Mittelalter nicht. Kein mittelalterlicher König hatte ihn je verfügt, kein Papst je gutgeheißen. Judenmord war, wenn er vorkam, nie von ganz oben angeordnet worden.«[18] Es

---

18 Yerushalmi, 1995, S. 37f.

gibt keine Kontinuität von den Morden an Juden im Mittelalter und der Vernichtung durch den Nationalsozialismus. Vielmehr vergessen wir, wo die Pogrome in großem Stil tatsächlich stattfanden. Im marokkanischen Fez wurden 1033 über 6000 Juden massakriert. Das erste Pogrom gegen Juden auf europäischem Boden geschah 1066 im muslimischen Granada; 1500 jüdische Familien kamen dabei um, etwa 30 Jahre vor dem ersten Kreuzzug. 1135 wurde das Judenviertel Córdobas niedergebrannt. Die Pogrome im christlichen Herrschaftsgebiet sind kein Ruhmesblatt der europäischen Kultur; aber ihre Ausmaße bleiben hinter jenen der islamischen Welt bei weitem zurück. Der jüdische Philosoph Maimonides, der aus Córdoba fliehen mußte und in Fez nur überlebte, weil er scheinbar zum Islam konvertierte, ließ keinen Zweifel daran, wer die Juden schlimmer unterdrückte: »Meine Brüder! Vergesst nicht, dass Gott uns wegen unserer schweren Vergehen der Verstrickung mit diesem Volk – ich meine die Ismaeliten – ausgesetzt hat, die uns heftig schikanieren und uns ihre bannartigen und diskriminierenden Gesetze aufzwingen (...) Niemals hat es ein Volk gegeben, das Israel so großen Schaden zugefügt hat wie die Ismaeliten, die uns bis zum äußersten gedemütigt, erniedrigt und uns mit ihrem extremen Hass verfolgt haben (...)«[19]

---

19 Moses ben Maimon, Epistle to Yemen, S. 18.

Und wie sah es mit der Diskriminierung von Juden aus? 400 Jahre nach dem Islam schritt die Westkirche auf dem IV. Laterankonzil 1215 zu Maßnahmen, die uns barbarisch anmuten und die Juden sozial ausgrenzten. Aber diese Maßnahmen waren weitgehend eine Kopie der moslemischen Diskriminierungen. Mit einem Unterschied: Wenn man die rechtlichen Bestimmungen vergleicht, dann ging die Entrechtung und Erniedrigung der Juden im christlichen Spätmittelalter nicht so weit wie in der Dhimmitude. Dieser Sachverhalt wird vielfach geleugnet, so auch von Marc Cohen in seinem Werk »Unter Kreuz und Halbmond«. Indes, wenn Historiker die methodischen Regeln zur Auffindung historischer Wahrheit offensichtlich mißachten, dann ist der fachethische Verstoß immer in gleicher Weise schwerwiegend: Es ist egal, ob die Tendenz antijüdisch, antichristlich oder antiislamisch ist.

Schulbücher weisen darauf hin, daß Juden vom christlichen Territorium auf das moslemische flohen. Dabei wird unterschlagen, daß sie in Spanien zuerst von moslemischem Gebiet auf christliches flüchteten, gute 150 Jahre lang.[20] Danach erst kehrte sich die Fluchtrichtung um.

Reden wir von Integration der Juden? Nirgendwo unter der Herrschaft des Islam und auch nicht im spanischen Kalifat waren Juden Bürger ihrer Stadt;

---

20 Wallenborn, S. 24.

sie blieben stets Unterworfene. Doch im westchristlichen Kulturraum entstand eine genuin politische Stadtkultur, die Chancen bot, auch Nichtchristen als besonderen Teil neben dem Bürgerverband in das Gemeinwesen zu integrieren. Daher darf es nicht erstaunen, daß in manchen deutschen Städten des Hochmittelalters (Worms, Augsburg u.a.) die Juden als Stadtbürger besonderen Rechts angesehen wurden: Sie hatten das Recht, Waffen zu tragen, und waren besser gestellt als ärmere christliche Einwohner.[21] Sie waren bis ins 14. Jahrhundert, als sich ihre Situation verschlechterte, weit besser integriert als die Juden im muslimischen Spanien es jemals sein konnten; denn im Islam konnte es niemals selbstverwaltete Bürgerverbände geben. Für jede republikanische Tradition bemißt sich die Integration von Fremden an ihrer politischen Integration in das Gemeinwesen. Die kleine Bürgerstadt Augsburg steht darin über den riesigen Agglomerationen Córdoba und Kairo.

Es hat im vielgerühmten islamischen Andalusien niemals eine religiöse Kontroverse zwischen jüdischen, moslemischen oder christlichen Gelehrten gegeben; eine solche gleichberechtigte Diskussion gälte in der Scharia als offener Versuch, Muslime vom Glauben abzubringen, als todeswürdiges Ver-

21 Bönnen, 2005; Haverkamp, 2004; Isenmann, 1988. Ein ähnliches Bild ergibt sich für Spanien, dazu: Roth, 1996.

brechen also. Erst König Alfons der Weise ließ – im christlichen Kastilien – solche interreligiösen Diskussionen veranstalten.

Es stimmt, daß ein großer Teil der hellenistischen Philosophie und Wissenschaft nur überlebte, weil Scharen von Gelehrten das Byzantinische Reich verließen und in Persien Zuflucht nahmen, als Kaiser Justinian die Wissenschaften zu unterdrücken begann. Von diesem kolossalen intellektuellen Reichtum des Hellenismus in Persien speiste sich der Aufschwung der Wissenschaften in der islamischen Welt vom 9. bis zum 13. Jahrhundert. Trotzdem gab es Bücherverbrennungen – und es gibt sie bis heute. Erinnert sei an jene, die Al-Mansur in Córdoba veranstaltete. Und ab dem 13. Jahrhundert versank die islamische Welt in wissenschaftliche und intellektuelle Stagnation, an der die theokratische Organisation der Gesellschaft wohl die größte Schuld trägt.

Die Tatsachen sind unbestreitbar. Warum gilt dann manchenorts der Islam als tolerant? Und weshalb wird das Christentum für eine besonders intolerante Religion gehalten? Dafür gibt es drei Gründe, einen historischen, einen memorialkulturellen und einen aufklärerischen: Zum einen hat wohl keine Religion die Häretiker aus ihren eigenen Reihen so blutig und so grausam verfolgt wie die christliche; das muß – solange die Forschung nichts anderes sagt – als historisches Faktum gelten. Blickt man genauer, differenziert sich das Bild: Es ist zu sehen, daß die diversen christlichen Strömungen ihre innerchristlichen Feinde recht unterschiedlich behandelten; und es ist zu sehen, daß es sogar in der lateinischen Christenheit – die am rigorosesten Häresien auszumerzen strebte – immer wieder Phasen der Entspannung gab. Verfolgte christliche Strömungen konnten unter der islamischen »Dhimmitude« zumindest als Glaubensgemeinschaft existieren. In der Wahrnehmung dieser Verfolgten mußte eine islamische Herrschaft fraglos als »toleranter« erscheinen als eine katholische. Dieser Sachverhalt prägte das Bild eines »intoleranten« Christentums, insbesondere des lateinischen Westens. Doch was die Häresien im lateinischen Christentum erlitten, davon blieben Muslime und Juden in der Regel und weit überwiegend völlig verschont. Sie wurden ab dem Spätmittelalter ähnlich behandelt wie die Dhimmi in der muslimischen Welt. Sie erlitten also »Toleranz« im islamischen Sinne. Daß dies bei Pogromen anders war, ist richtig; doch, wie oben gesagt, Pogrome ereigneten sich im Haus des Islam weitaus häufiger. Der Begriff »Toleranz« ist also analytisch untauglich, weil er mit unklaren Konnotationen gefüllt ist; darum erfaßt er just die historischen Differenzen nicht, auf die es ankommt.

Damit kommen wir zum zweiten Grund: Das Bild vom Christentum wurde mitgeprägt vom kollektiven Gedächtnis der beiden anderen monotheistischen Religionen; und dieses kollektive Gedächtnis hat weniger zu tun mit den historischen Tatsachen als vielmehr mit religiösem Haß und der Konstruktion von Feinbildern. Sie werden bis heute in die historische Forschung hinein verlängert. Verschweigen wir nicht den dritten Grund: Das Christentum ist eine bevorzugte Zielscheibe jener kulturellen Selbstkritik geworden, die die westliche Kultur vor allen anderen Kulturen auszeichnet. Denn es ist nicht zu bestreiten, daß einzig die westliche Kultur beständig ihre eigene Selbstkritik betreibt. In Europa bildete sich im 16. Jahrhundert die Vorstellung, »Täter« zu sein und kulturübergreifendes »Unrecht« begangen zu haben. Diese Haltung dokumentiert sich spätestens in den spanischen Diskussionen über die Legitimität der Sklaverei. Bartolomé de Las Casas ist der erste prominente Vertreter solcher Selbstbezichtigung. Seither ist die westliche Kultur dem Dauerdruck von kritisierenden Eliten ausgesetzt gewesen. Sämtliche andere Kulturen betreiben ihre Selbstkritik, indem sie sich messen an einer idealen Vergangenheit, vor der sie sich als dekadent definieren. Die westliche hingegen – das heißt ein Großteil ihrer intellektuellen Eliten – mißt sich an universalen Maßstäben, die es zu erfüllen gilt. Im Rahmen dieser Selbstaufklärung einer kritischen Kultur wurden Handlungen und Praktiken der christlichen Religion nachträglich als schändlich und verbrecherisch abgestempelt. Eine solche Selbstkritik setzte im Judentum erst viel später ein, und auch nur dort, wo die westliche Aufklärung

Maßstäbe setzte. In der islamischen Welt ist sie ein rezentes Phänomen und mit hohen Risiken behaftet. Diese Asymmetrie in der selbstkritischen Aufarbeitung eigener Vergangenheit ist der wichtigste Grund für das negativere Bild, das in der medialen Öffentlichkeit vorherrscht.

Zurück zur »Dhimmitude«! Sie war regional unterschiedlich ausgeprägt: Kein Unterdrückungssystem ist einheitlich; jedes ist historischen Modifikationen unterworfen. Aber als repressive Apartheid hielt sich die »Dhimmitude« mehr als 1000 Jahre lang, bis der Druck der europäischen Mächte auf das Osmanische Reich und schließlich die direkte Besetzung osmanischer Gebiete dieses Übel allmählich abmilderte. Die islamischen Gesellschaften haben die »Dhimmitude« weder freiwillig noch gänzlich abgeschafft, ebensowenig wie sie die Sklaverei freiwillig abschafften. Der europäische Imperialismus zwang sie dazu. Nicht nur die Lage der Christen linderte sich, sondern auch diejenige der Juden. An diese menschenrechtliche Dynamik des Hochimperialismus hat Jürgen Osterhammel wieder erinnert. Man sollte sie nicht vergessen. Bis heute sind in keinem einzigen muslimischen Land die Christen gleichberechtigte Bürger. Was beispielsweise die koptischen Christen in Ägypten Tag für Tag erleiden – Vergewaltigungen, Entführungen, Schutzgelderpressung –, ist eine schleichende Wiedereinführung der ehemaligen Dhimma. Die »Dhimmitude« wird von vielen muslimischen –

und auch »antiimperialistischen« – Intellektuellen vehement geleugnet. Wer leugnet, ist unfähig zu erkennen, wer er kulturell ist und wie er geschichtlich dazu wurde. Die kritische Auseinandersetzung islamischer Intellektueller mit der eigenen Kultur wird systematisch behindert, wenn »antiimperialistische« Pseudohistorie die Leugnungen in Gang hält.

Djihad und Kreuzzüge. Der wesentliche Unterschied

»Ein Glück, daß Europa sich im ganzen des Islams erwehrte.«
Jacob Burckhardt

Singulär ist die enorme Geschwindigkeit, mit der sich binnen 90 Jahren (632–720) ein arabisches Großreich zwischen Südfrankreich und Indien bildete, ohne daß ein einzelner Eroberer die Expansion gelenkt hätte. Diese Eroberungen gehören zu den härtesten Unterwerfungskriegen der globalen Geschichte. Wir pflegen uns darüber zu empören, was die Kreuzfahrer 1099 in Jerusalem anrichteten. Indes, die Kreuzfahrer handelten nach gängigem Kriegsbrauch; denn die Verteidiger kapitulierten selbst dann nicht, als die Mauern schon erstürmt waren. In solch einer Situation sind Kombattanten von Nichtkombattanten kaum zu unterscheiden; und es ist dann unmöglich, Schonung zu gewähren. In Städten, die sich ergaben, schonten die Kreuzfahrer die Einwohnerschaft.[22] Muslimische Eroberer hatten bis dahin unentwegt und überall Massaker in großem Stile verübt. 698 hatte es Karthago getroffen, 838 Syrakus. Der berüchtigte Wesir des Kalifats von Córdoba, Al-Mansur, führte in 27 Jahren 25 Feldzüge gegen die christlichen Reiche Nordspaniens, versklavend, vernichtend und verwüstend; es traf Zamora (981), Coimbra (987), León, zweimal Barcelona (985 und 1008), dann Santiago de Compostela (997). Am furchtbarsten verwüsteten die Djihads das damals noch so städtereiche byzantinische Anatolien; die Massaker waren zahllos, die Versklavungen ganzer Städte desgleichen. Die städtische Kultur Anatoliens hat sich davon nie wieder erholt. Der Seldschuke Alp Arslan ließ ganze armenische Städte massakrieren, am furchtbarsten 1064 die Hauptstadt Ani. Mehr als berechtigt ist darum das Urteil der Historikerin Bat Ye'or: »Die Maßlosigkeit, die Regelmäßigkeit und der systematische Charakter der von den islamischen Theologen zur Norm erhobenen Verwüstungen unterscheiden den Djihad von anderen Eroberungskriegen«.

Gewiß, die Massenversklavung blieb das beliebteste Kriegsziel. So entstand schon im 8. Jahrhundert die größte Sklavenhaltergesellschaft der Weltgeschichte; sie benötigte eine ständige Zu-

22 Sehr präzise: Kedar, 2002, S. 238–241. Siehe ferner: Thorau, 2004, S. 82; France, 1994, S. 355; Elm, 2001, S. 42–46; Hay, 2001, S. 3–10; Gotein, 1982.

fuhr immer neuer Sklaven, und sie transformierte den afrikanischen Kontinent zum größten Sklavenlieferanten –, ein Schicksal, dem Europa knapp entkam.

Der erfolgreichste Imperialismus der Weltgeschichte erregte immer wieder Bewunderung, nicht zuletzt diejenige Hegels: »Nie hat die Begeisterung als solche größere Taten vollbracht.« Wenn »Begeisterung« solches vermochte, worauf beruhte sie? Die Antwort ist einfach: auf dem Märtyrertum. Ein Ereignis des Jahres 963 in Konstantinopel illustriert das: Kaiser Nikephoros Phokas hatte soeben die arabischen Besatzer aus Kreta vertrieben; nun plante er einen großen Krieg, um Ostanatolien und Nordsyrien von der moslemischen Herrschaft zu befreien. Ein Konzil sollte ihm helfen; eindringlich bat er die versammelten Bischöfe, sie sollten Soldaten, die im bevorstehenden Kampf fielen, zu Märtyrern erheben. Diesen Soldaten wäre also das Paradies sicher gewesen.

Der Kaiser wusste, was auf dem Spiele stand. Immer wieder hatten die Byzantiner miterleben müssen, wie tapfer die moslemischen Heere kämpften. Nikephoros wusste um die militärischen Konsequenzen von Sure 4, 74–76; er war der erste, der die prinzipielle kriegerische Unterlegenheit der christlichen Religion zu korrigieren suchte. Doch der Patriarch stellte sich gegen den Kaiser: Kein kirchliches Konzil sei imstande, Gottes Ratschluß zu antizipieren; allein Gott entscheide über das

Heil. Eine welthistorische Schlüsselszene.[23] Die byzantinischen Kaiser mußten ihre schweren Abwehrkriege gegen die ständigen sarazenischen und seldschukischen Aggressionen führen, ohne daß ihnen die Religion dort half, wo Hilfe am nötigsten war.

Erst die Westkirche veränderte die theologisch-politische Situation. Als Papst Urban II. 1095 zum ersten Kreuzzug aufrief, versprach er den christlichen Kriegern den Erlaß der Sünden: Gefallene Kreuzeskrieger umgingen demnach das göttliche Gericht; sie wurden insofern den Märtyrern gleichgestellt, obschon ihnen dieser Name verwehrt blieb.[24] Der Papst als Oberhaupt einer monarchisch organisierten Kirche tat genau das, was ein Konzil östlicher Bischöfe nicht vermochte: Er verfügte über das Heil. Die Papstkirche konnte nun ebensolche »heiligen Kriege« führen, wie der Islam es seit Jahrhunderten zu tun pflegte. Worin unterscheiden sich dann Kreuzzüge und Djihad? Kreuzzüge konnte allein der Papst ausrufen; daher blieben sie sehr selten – verglichen mit den unzähligen, unaufhörlichen und ubiquitären Djihads der islamischen Welt. Und die Ziele von Kreuzzügen blieben genau begrenzt. Im Orient bezweckten sie, entweder bedrängten Christen zu Hilfe zu kommen oder unterjochte Christen zu befreien oder die hei-

---

23 Zonaras, XVI, 25 (Dindorf). Dazu: Mitterauer, 2003, S. 201f.

24 Becker, 1988, S. 365–368; Angenendt, 2007, S. 422–424; Mitterauer, 2003, S. 206–214.

ligen Stätten in Palästina zu erobern; sie hatten niemals das Ziel, die Welt zu unterwerfen. Im November 1095 nannte Urban II. in Clermont Grund und Ziel des ersten Kreuzzuges: »Es ist unabweislich, unseren Brüdern im Orient eiligst (...) Hilfe zu bringen. Die Türken und die Araber haben sie angegriffen und sind in das Gebiet von Romanien (Konstantinopel) vorgestoßen; und indem sie immer tiefer eindrangen in das Land dieser Christen, haben sie diese sieben Mal in der Schlacht besiegt, haben eine große Anzahl von ihnen getötet und gefangengenommen (...) Wenn ihr ihnen jetzt keinen Widerstand entgegensetzt, so werden die treuen Diener Gottes im Orient ihrem Ansturm nicht länger gewachsen sein.«

Urban II. sah richtig. Wäre Konstantinopel schon 1100 gefallen, dann hätte die enorme militärische Kraft der türkischen Heere Mitteleuropa 400 Jahre früher heimgesucht. Dann wäre die vielfältige europäische Kultur sicherlich nicht entstanden: Keine freien städtischen Verfassungen, keine Verfassungsdebatten, keine Kathedralen, keine Renaissance, kein Aufschwung der Wissenschaften; denn im islamischen Raum entschwand das freie – von den Griechen übernommene – Denken eben in jener Epoche. Goethe, ein Bewunderer der orientalischen Poesie, ließ keinen Zweifel daran, wie wichtig die Kreuzzüge für die Rettung der europäischen Kultur waren: »Indessen bleiben wir allen aufgeregten Wall- und Kreuzfahrern zu Dank verpflichtet, da wir ihrem religiosen Enthusiasmus, ihrem kräftigen, unermüdlichen Widerstreit gegen östliches Zudringen doch eigentlich Beschützung und Erhaltung der gebildeten europäischen Zustände schuldig geworden.«[25]

Permanente Aktualität des Djihad – Erinnerungen an Israel

Der Djihad ist immer aktuell geblieben, wie Rudolf Peters in seiner großen Studie nachweist: »Modernistische Autoren unterstreichen den defensiven Aspekt des Djihad und betonen, Djihad außerhalb des islamischen Territoriums sei nur gestattet, wenn die friedliche Verbreitung des Islam behindert wird oder wenn Mosleme, die unter Ungläubigen leben, unterdrückt werden. Demgegenüber weichen fundamentalistische Autoren kaum von der klassischen Doktrin ab und betonen den expansionistischen Aspekt«.[26]

Der Haken dabei ist: Die Modernisten vertreten in der Konsequenz genau dieselbe Lehre wie die Fundamentalisten. Denn der Djihad ist ja berechtigt, wenn Mosleme unterdrückt werden. Und ob Mosleme unterdrückt werden, wer befindet dar-

25 J.W. Goethe, Hamburger Ausgabe in 14 Bänden, 1978, Bd. II, S. 226. Turner Johnson, 1997; Flori, 2002.
26 Peters, 1980, S. 124.

über? Das entscheiden nicht die Gerichte in den säkularen Verfassungen, das entscheiden nicht die Menschenrechte. Das entscheiden die Normen der Scharia. Einen Haßprediger ins Gefängnis zu werfen kann dann als eine Unterdrückung von Muslimen gelten; und somit wäre der Djihad berechtigt. Was das heißt, sagen uns die 191 Toten von Madrid und die 52 Toten in der Londoner U-Bahn.

Für einige islamistische Strömungen ist es vorläufig unnötig, in Europa Djihad zu führen. Europa gilt als »Haus des Vertrages«. Das »Haus des Vertrages« ist derjenige Teil des »Hauses des Krieges«, in dem der Islam sich mit unkriegerischen Mitteln so ausbreiten kann, daß eines Tages eine moslemische Mehrheit die Umwandlung der westlichen Demokratien in islamische Staaten quasi mühelos vollbringen wird. Seit den sechziger Jahren des 20. Jahrhunderts prophezeiten muslimische Staatsmänner, daß der Islam die Länder Europas erobern werde mit Hilfe seiner Einwanderer. Der algerische Staatschef Boumedienne sagte das im Hinblick auf Frankreich ganz offen: »Wir werden euer Land erobern mit den Bäuchen unserer Frauen!« Ähnliches sagte der türkische Präsident Demirel zum damaligen Bundeskanzler Helmut Schmidt. Vor diesem Hintergrund wurde jene Äußerung so brisant, die Vural Öger, der für die SPD im Europäischen Parlament saß, in einem Interview mit »Hürriyet« von sich gab: »Im Jahr 2100 wird es in Deutschland 35 Millionen Türken geben. Die Einwohnerzahl der

Deutschen wird dann bei ungefähr 20 Millionen liegen. Das, was Kamuni Sultan Süleyman 1529 mit der Belagerung Wiens begonnen hat, werden wir über die Einwohner mit unseren kräftigen Männern und gesunden Frauen verwirklichen.«

Unter dem Eindruck dieser demographischen Erwartung wäre es geradezu unklug, einen Djihad zu beginnen und die demographische Automatik zu gefährden. Trotzdem ist die Idee des Djihad in der politischen Elite der moslemischen Welt nicht nur präsent, sondern als Handlungsmaxime wirksam. Die dritte Islamische Gipfelkonferenz von 1981 bekräftigte in ihrer 5. Resolution die Gültigkeit der Djihad-Doktrin für die Gegenwart: »Die islamischen Länder haben in ihrer Resolution klargestellt, daß das Wort Djihad in seinem islamischen Sinn gebraucht wird, der keine Interpretation oder Mißverständnisse zuläßt, und daß die praktischen Maßnahmen zu seiner Erfüllung zu ergreifen sind in Übereinstimmung damit und in ständiger Konsultation zwischen den islamischen Ländern.«[27]

Das sagten nicht ein paar Spinner, sondern offizielle Vertreter von Staaten – 20 Jahre vor dem 11. September. Das damals vereinbarte konzertierte Handeln mit strategischer Perspektive wirkt sich mittlerweile verheerend in den diversen Organisationen der UNO aus. Diese Politik hat ihre strenge

---

27 Journal of Palestine Studies 39, 1981.

Logik. Gegen Israel führt die moslemische Welt einen Krieg, den sie als »Verteidigung« definiert. Zu diesem Djihad hatte der spätere Friedensnobelpreisträger Yassir Arafat aufgerufen. Am 25. Dezember 1970 proklamierte er: »Die Befreiung Palästinas und die Beendigung der zionistischen Eindringung – politisch, ökonomisch, militärisch, propagandistisch – in die moslemischen Staaten ist eine der Pflichten der moslemischen Welt. Wir müssen einen Djihad gegen den zionistischen Feind führen, der nicht nur Palästina begehrt, sondern die ganze arabische Region mitsamt ihren heiligen Orten.«

Da dieses Land im Jahre 638 erobert wurde, bleibt es für immer islamische Erde. Wofür die PLO kämpft, ließ Abu Iyad als zweithöchster Führer der PLO 1974 anklingen: »Wir kämpfen mit der Absicht, daß unsere palästinensische Heimat kein neues Andalusien wird.« (»Le Monde«, 20./21. Januar 1974)

Andalusien ist nicht vergessen, der Balkan genausowenig: Irgendwann wird die Rückeroberung kommen. Sie ist heilige Pflicht. Die Zerschlagung des israelischen Staates wird also erst der Anfang sein. So sehr sich die Israelis auch bemühen, die arabischen Politiker sind außerstande, einen dauerhaften Frieden mit dem jüdischen Staat zu schließen. Ahmad Ben Bella, dem berühmtesten Führer des algerischen Unabhängigkeitskrieges, blieb es vorbehalten, den Djihad bis zu einem Schluß zu denken, den kein religiöser Führer auch nur erwägen dürfte. Er ließ in einem Interview von 1982 keinen Zweifel am Ziel der Totalvernichtung Israels: »Was wir Araber wollen, das ist sein *[être]*. Aber wir können nur sein, wenn der andere nicht ist.«

Weder Stalin noch Hitler noch Mao haben den Anspruch des Totalitarismus so prägnant formuliert: Israel ist der »Andere«; und der »Andere« schließt das eigene Sein aus. Israel vertritt jedweden »Anderen«; es repräsentiert jegliches »Andere«, das dem islamischen Djihad entgegensteht. Die logische Konsequenz hat Ben Bella uns nicht vorenthalten. Wenn der »Andere« ein Hindernis für das eigene Sein ist, dann ist die totale Vernichtung angesagt: »Wenn es keine andere Lösung gibt, dann soll es zum Atomkrieg kommen, und das wird das Ende sein, ein für allemal.«[28]

Es ist gut, sich zu erinnern.

Der Gottesstaat – Feind der Republik

Die Scharia fordert die Herrschaft des göttlichen Gesetzes auf Erden. Die Herrschaft Gottes über sein Volk hatte einst der jüdische Historiograph Flavius Josephus als Theokratie bezeichnet und damit die besondere Ordnung Israels abgegrenzt von den Staatstypen der griechischen Philosophie, nämlich »Monarchie«, »Aristokratie« und »Demokratie«. Diese radikale Sonderung nenne ich die

28 Ben Bella, Tous contre Israël.

»josephische Unterscheidung«. Herrscht Gott, so gibt er die politische Ordnung; zudem gibt er Anweisungen, wie politisch zu handeln ist. In einer Theokratie gelten die Gesetze deswegen, weil sie göttlichen Ursprungs sind. Wo Gott herrscht, ist es vorbei mit autonomem Entscheiden. Den Menschen bleibt nur der blinde Gehorsam. Doch wer herrscht in einer Theokratie tatsächlich? Souverän ist hier, wer den Willen Gottes kennt oder erschließt. Dieser Wille äußert sich sowohl in Gottes gegebenem und niedergeschriebenem Gesetz als auch in seinen aktuellen Befehlen. Es herrscht, wer das Gesetz auslegt oder die Befehle vernimmt: Schriftgelehrte oder Propheten. Beide Modi der Offenbarung, scholastisch die eine, charismatisch die andere, sind in bleibender Spannung und gelegentlich blutigem Widerstreit, wie die islamische Geschichte illustriert. Theokratien sind desto »reiner«, je mehr sie dem prophetischen Typ zuneigen. Sie sind jedoch desto stabiler, je mehr die Rechtsgelehrten die Propheten eliminieren; in diesem Falle werden Theokratien zu göttlich fundierten Nomokratien.

Der sunnitische Islam ist nicht allein deswegen die historisch erfolgreichste Herrschaft auf theokratischer Basis geworden, weil man sich mit dem faktischen Herrschen der Sultane abfand, solange diese den Glauben förderten, Häresien bekämpften, für Ordnung sorgten und gegen die Ungläubigen fleißig Djihad führten, sondern vor allem, weil man sich nomokratisch ausrichtete, wie Ann Lambton und Tilman Nagel dargelegt haben: Solange gilt, daß die Scharia als offenbartes göttliches Gesetz vollständig ausreicht, um das soziale und politische Leben zu organisieren, beanspruchen die Rechtsgelehrten das letzte Wort. Anderseits überließen diese die Ausübung der politischen Macht Emiren und Sultanen. Indiziert das nicht eine Trennung der politischen und der religiösen Sphäre?

Just hier zeigt sich, wie weit die Schere zwischen den Kulturen sich öffnete. Es entstanden eben keine politischen Systeme mit partizipatorischen Zügen. Stattdessen bildete sich die berüchtigte sklavistische Politie des Islam heraus, die der Kultur für fast ein Jahrtausend den Stempel aufdrückte. Da die theokratische Ausrichtung der Herrschaft keine institutionalisierten Verfahren zuließ, um Herrscher einzusetzen, zu kontrollieren und vielleicht abzusetzen, war der blutige Sturz das einzige Mittel, einen Herrscher loszuwerden. Indes, die muslimischen Herrscher reagierten auf die Usurpationsdrohung mit einer einmaligen Innovation: Der Kalif Al-Mutasim stellte Anfang des 9. Jahrhunderts in Bagdad ein Heer von 100.000 Sklaven türkischen und slawischen Ursprungs (Mamluken) auf, glaubend, er mache sich so unstürzbar. Er wurde sofort nachgeahmt, und so entstand fast überall im islamischen Herrschaftsgebiet ein Staatstyp, in dem der Herrscher sich auf einen bürokratischen Stab von Eunuchen und einen militärischen Apparat von

Sklaven oder Exsklaven stützte.[29] Als Sklaven dienten sie ohne freie Wahl in einer Funktionsgruppe; und ihr Herr konnte sie beliebig gebrauchen. Diese unbegrenzte Verfügung über Menschen in leitenden Funktionen machte das islamische Gemeinwesen zu einem absonderlichen Extrem in der Weltgeschichte. In der Mamlukie verkörperte sich die politische Lösung der unlösbaren Dilemmata einer theokratischen Konzeption der Gemeinschaft. Sie entriet der institutionalisierten Kontrolle politischer Herrschaft vollkommen und deren Einbindung in ritualisierte Interaktion weitgehend. Deswegen entstand ein Despotentum, das sich in einmaliger Weise jenem »Absolutismus« näherte, den es in der sozialen Wirklichkeit niemals geben kann.

Dieser Despotismus brauchte zu seiner Selbsterhaltung eine Truppe, die sich ununterbrochen speiste durch großräumigen Import von Menschen, die als Sklaven brutal entwurzelt waren. Eine solche sklavistische Funktionsgruppe war ein beliebig einsetzbares Instrument, mittels dessen der Herrscher die äußerste politisch mögliche Unabhängigkeit von den freien Untertanen erlangte, wofür er freilich in fatale Abhängigkeit von seinem Instrument geriet. Sklaven fungierten als Rädchen einer militärischen Maschine, die die Bildung von Staaten im eigentlichen Sinne blockierte, jegliche Chance auf politische Selbstbestimmung abschnitt, und die

29 Siehe dazu: Ayalon, 1979; Pipes, 1981; Crone, 1980.

politische Freiheit in einer weltgeschichtlich einmaligen Weise abtötete. Mit der Versklavung des Staatswesens entstand ein »Staats«-Typ, in dem charakteristische Bestimmungen von autonomer Staatlichkeit auf radikalste Weise pervertiert waren. Die Mamlukie als System widerlegt die Befürchtungen der griechischen politischen Philosophie, denn sie vereinbart ein gewisses Maß an persönlicher Freiheit der individuellen Muslime – abgesichert in der Scharia – mit einem historischen Grenzwert an politischer Unfreiheit.

Daher finden wir unter islamischer Herrschaft keine sich selbst verwaltenden Bürgerschaften, keine beschließenden Volksversammlungen, keine regulären Wahlen, überhaupt keine Abstimmungen und keine städtischen Verfassungen, keine Rathäuser, wo gewählte Bürgermeister walten, nichts von dem, was in der klassischen Antike tausendjährige Selbstverständlichkeit war und was in West- und Mitteleuropa sich seit dem Mittelalter in Hunderten von Städten herangebildet hat. Deswegen wurden die hellenistischen Städte nach der islamischen Eroberung vollkommen umstrukturiert und transformiert – von einer »Polis« zu einer »Medina«. Die Städte der Antike benötigten großartige urbanistische Anlagen, die einer politisch partizipierenden Bürgerschaft zum öffentlichen Raum dienten. Die architektonische Ausgestaltung dieser Areale hatte eine urbanistische Qualität, die auch im neuzeitlichen Europa nicht mehr erreicht wurde. Die islamischen

Eroberungen führten umstandslos zur Destruktion derselben.[30] Die Kriterien sind eindeutig, die Gründe unbestritten.

Erstens die Beseitigung der städtischen Selbstorganisation: Wurde eine römisch-hellenistische Stadt erobert, so wurde die Curia, also der Stadtrat, abgeschafft. Damit ist alles gesagt. Ohne Stadtrat keine Selbstverwaltung. Daher brauchte man auch keine Volksversammlungen mehr. Diese hatten bis in die späteste römische Zeit hinein im Theater stattgefunden; sie wählten die Curialen per Akklamation, und sie tadelten oder lobten das Handeln von Beamten.[31]

Zweitens die Zerteilung der Bürgerschaft: Die moslemischen Eroberer spalteten die städtischen Bürgerschaften in lauter Religionsgemeinschaften; diese wurden in einen Zustand weitgehender Apartheid versetzt. Damit waren die Einwohner einer Stadt faktisch und rechtlich keine Bürgerschaften mehr.

Schließlich erfolgten Abriß und Deformierung der römisch-hellenistischen öffentlichen Architektur. Mit dem Verschwinden der Bürgerschaft endeten schlagartig spätantike Kommunikationsprakti-

---

30 Zwar war auch im Osten des Römischen Reiches schon seit dem 5. Jahrhundert ein Rückgang des Städtewesens festzustellen. Die Seuchen in der Zeit Kaiser Justinians entvölkerten das Reich so sehr, daß man von Städtesterben sprechen kann. Aber das traf die großen Metropolen weniger. Siehe: Demandt, 2007, S. 460–467.

31 Codex Theodosianus, I, 16, 6; Libanios, Orationes, XXVI, 23 ff., u. XXXIII, 11. Dazu: MacMullen, 1990, S. 267 ff.

ken und Konsensrituale. Theater, Hippodrom und Gymnasien verfielen; die kunstsinnig angelegten öffentlichen Plätze wurden zugebaut. Die Kolonnaden entlang der Prachtstraßen wurden vollgestopft mit Boutiquen, die Prospekte samt ihren Blickfängen und Perspektiven auf repräsentative öffentliche Anlagen verschwanden. An öffentlichen Gebäuden blieben nur die Bäder übrig.[32] Alles, was das Kommunizieren in der Öffentlichkeit so angenehm gemacht hatte, entschwand ganz einfach, weil es unter moslemischer Herrschaft keine Kultur zivischer Öffentlichkeit mehr gab.[33] Deshalb vor allem scheiterten die Neugründungen großzügig angelegter Städte, wie Harun al-Raschid und Al-Mutasim sie in Angriff nahmen.

Zur Sprache kommt hier nicht der alte Gegensatz: europäische Stadt – orientalische Stadt. Denn auch in chinesischen und japanischen Städten waltete urbanistische Fürsorge, die sich die Aufrechterhaltung öffentlicher Räume angelegen sein ließ, selbst wenn diese nirgendwo das Ausmaß an öffentlichen Anlagen von römisch-hellenistischen Städten erreicht haben. Hier geht es darum, daß die islamische Stadt dagegen völlig abfällt. Die Medina ist die vollständige Negation der superben hellenistischen Urbanistik mit ihrer exaltierten Orientierung auf

---

32 Habib Hourani/Miklos Stern, 1977; Graber, 1969; Bianca, 1979, S. 98 f.; von Grünebaum, 1955, S. 138–153.

33 Kennedy, 1985, S. 3–27.

das zivisch Öffentliche. Leugnen kann das nur, wer weder Augen noch Begriffe im Kopf hat oder wem es gelingt, ein Rathaus in einer vormodernen islamischen Stadt ausfindig zu machen.[34] Unter Gesichtspunkten städtischer politischer Kultur – Selbstverwaltung, Partizipation der Bürger, Rathaus und öffentliche Plätze – ist das kleinste nordalpine Städtchen des Hochmittelalters den islamischen Riesenstädten überlegen. Augsburg war tatsächlich eine Stadt im zivischen Sinne, Kairo oder Damaskus waren gigantische Agglomerationen ohne zivische Kultur. Dieses Fehlen urbanistischer und sozialer Räume der politischen Kommunikation erklärt, wieso in der politischen Philosophie des Islam der Gedanke an zivische Partizipation nicht vorkommt.

Obwohl die islamischen Intellektuellen über das immense Vermächtnis der griechischen Philosophie verfügten und es in Theologie und Metaphysik auf beeindruckende Weise benutzten, blieb die politische Reflexion auf kläglichem Niveau. Die politische Theorie der Griechen wurde gegenstandslos, weil das Nachdenken über Verfassungen eine sinnlose Tätigkeit geworden war. Der große Ibn Chaldun (1332–1406), als arabischer Montesquieu betitelt, trennt die Staatswesen scharf entlang der josephischen Unterscheidung. Zwar sei die Gottesherrschaft nach dem vierten Kalifen verlorengegan-

34 Gegen Weber polemisiert reichlich ignorant Abu-Lughod, 1987. Anders: Schwentker, 2002.

gen und das Kalifat entartet. Aus der Gottesherrschaft sei eine Herrschaft im Interesse des Herrschers geworden – was die griechische politische Philosophie »Tyrannis« nannte. Doch selbst in diesem depravierten Zustand bleibe das muslimische Staatswesen immer noch allen anderen überlegen, da die Scharia – Gottes Gesetz – gelte und die Herrschergewalt beschränke. Die göttliche Nomokratie dämpfe demnach sogar die schlimmste Autokratie.

Überflüssig waren nun die hochdifferenzierten politischen Kategorien und analytischen Reflexionen etwa der aristotelischen »Politik«. Stattdessen gewann Platons politische Philosophie die höchste Anerkennung. Erwin Rosenthal spricht von einer »Renaissance von Platons politischer Philosophie im Islam«[35]. Doch sensu stricto handelt es sich nicht um eine Renaissance, sondern um eine Naissance; denn in der gesamten griechischen und römischen Antike war Platons politische Philosophie ohne Nachahmer und praktisch bedeutungslos geblieben.[36] Der politische Platonismus – in Europa ein spätes und präfaschistisches Phänomen – ist eine genuine Errungenschaft des Islam. Aus gutem Grund: Platons Idealstaat vernichtet den autonomen politischen Raum vollständig, denn es gibt keine Ratsversammlungen, keine Wahl von Magistraten,

---

35 Rosenthal, 1958, S. 7. Alle islamischen Philosophen außer Avempace gehen bei ihrem politischen Nachdenken von Platons »Politeia« und »Nomoi« aus (op. cit. S. 113–121).

36 Siehe das brillante Buch von Trampedach, 1994.

keine Debatten und keine Volksbeschlüsse, keine Gesetzgebung und keine Kontrolle der Herrschenden. Sein zweiter Idealstaat (»Nomoi«) sieht zwar vor, daß die Polis verwaltet wird von einem gewähltem Rat und der Volksversammlung – also sehr griechisch; doch sie soll einem göttlich sanktionierten Gesetz unterstellt bleiben, das weitestmöglich unveränderlich sein soll. Die islamische Rezeption machte daraus ein gottgegebenes Gesetz, und sie strich die menschlichen Institutionen. Der islamische Platonismus ließ die Alternative: Herrschen sollen die Weisen oder aber das göttliche Gesetz. Am besten beides. Beides passte den Apologeten der Theokratie vorzüglich, um die Herrschaft sowohl von Propheten als auch von Rechtsgelehrten zu rechtfertigen. Platon eignete sich, weil in der islamischen Welt die Thematik des Politischen zusammenschnurrte auf ganz wenige Belange, gravitierend um die Stellung des Kalifen und um die Autorität der Rechtsgelehrten.[37] Darum rekurrierten die politischen Denker des Islam – von Al-Farabi (870–950) über Avicenna (980–1037) bis zu Averroës (1126–1198) – stets auf Platon, nicht auf Aristoteles.

Erwin Rosenthal zieht die Trennlinie zwischen Islam und dem christlichen Westen dementsprechend

37 »Political thought at first centers round the Caliphate and is, in fact, a theory of the caliphate, its origin and purpose.« (Rosenthal, 1958, S. 3)

entlang der josephischen Unterscheidung: »There are no two swords, a spiritual and a temporal, in Islam. Consequently there is no separation between state and church (...) But there was never a struggle, like that between Emperor and Pope (...) There is no rival claim between the divine law of the church and the law of the state because Islam knows only one law, the divinely revealed Sharia, which holds sway over political life no less than over social, economic and cultural life. Life is one and indivisible; religion pervades and determines all its aspects. The whole of life is ordered by the religious, all-embracing divine law. The authority and validity of this law was never questioned by any effective Muslim ruler, no matter what his own practice was. He could not abrogate the religious law, though he might at times set it aside.«[38]

Theokratie verwirft jegliche autonome Gestaltung der politischen Ordnung als Auflehnung gegen Gott. Daher ist ein legislatives Parlament ein illegitimes Organ; denn der Mensch darf sich keine Gesetze geben, es sei denn die Rechtsgelehrten befinden solche als vereinbar mit Gottes Gesetz. Daß parlamentarische Institutionen auch in den islamischen Ländern im letzten halben Jahrhundert auftauchten, muß nicht viel besagen. Entscheidend ist der politische Rahmen, in dem sie funktionieren. Bezeichnend ist das Beispiel der Islamischen Republik Iran.

38 a.a.O., S. 23f.

Dort liegt die Aufsicht über das Parlament bei einem religiösen Wächterrat; dieser filtert nicht allein die Kandidaten vor den Wahlen, sondern verwirft oder billigt nach eigenem Ermessen jedweden Parlamentsbeschluß.

Nun pflegen konzeptionell konstruierte Unterschiede in der historischen Realität selten in idealtypischer Schärfe aufzutreten. Anders hier. Die maßgeblichen politischen Sachverhalte entsprechen der Unterscheidung. Und der wirkliche Unterschied limitiert die »objektiven Möglichkeiten« für historische und kulturelle Entwicklungen umfassend und nachhaltig.

Die Scharia – gegen die Menschenrechte, gegen die Demokratie

Es gibt islamische Strömungen ohne Scharia; bei ismaelitischen Strömungen und alevitischen oder bei den Bahai. Und die Hoffnung auf einen Euro-Islam sind die Hoffnungen auf einen scharialosen Islam. Doch islamische Politiker haben vorgesorgt. Im August 1990 verabschiedeten die Außenminister der »Organisation der islamischen Konferenz« in Kairo einen Entwurf einer »Erklärung der Menschenrechte im Islam«. Die Erklärung im Ganzen und auch die einzelnen Rechte stehen unter dem Vorbehalt, daß sie mit der Scharia übereinstimmen müssen: »Alle Rechte und Freiheiten, die in dieser

Erklärung genannt werden, unterstehen der islamischen Scharia.« (Artikel 24) »Die islamische Scharia ist die einzige zuständige Quelle für die Auslegung oder Deutung jedes einzelnen Artikels dieser Erklärung.« (Artikel 25)

Wenn die Scharia den Menschenrechten übergeordnet ist, dann gibt es keine Menschenrechte, dann gilt eben die Scharia. Das ist so, als hätten Stalin oder Hitler die Menschenrechte proklamiert und hinzugefügt: »Alle diese Rechte unterstehen der kommunistischen Idee.« Beziehungsweise: »Sie unterstehen der nationalsozialistischen Ordnung.«

Die Konsequenzen zeigen sich allerorten. Die Scharia hier verlangt nicht nur die »Dhimmitude«, sie verlangt auch die Sklaverei. Erinnern wir uns: Die Abschaffung der Sklaverei wurde der islamischen Welt durch britischen und französischen Druck aufgezwungen. Islamische Länder haben als letzte die Sklaverei abgeschafft. Bis heute existiert keine einzige maßgebliche Fatwa islamischer Rechtsgelehrter, die kategorisch die Sklaverei für eine widergöttliche Ungerechtigkeit und für illegitim erklärt. Die maßgeblichen Fatwas erklären die Sklaverei für vorläufig nicht praktizierbar. Das Weiterbestehen der Sklaverei, in Mauretanien und im Jemen, die erneuten Versklavungskriege im Sudan sind von der Scharia legitimiert. Im Sudan wurden, entgegen allen offiziellen, mehrfach wiederholten »Abschaffungen«, mehrere Hunderttausend Menschen kriegerisch versklavt; bis der Süden 2011 seine

Unabhängigkeit erklärte, hatten christliche Hilfsorganisationen etwa 100.000 Sklaven freigekauft.

Der Tag, an dem die Menschenrechte in den islamischen Ländern zu gelten beginnen, wird das Ende der Scharia sein. Ein Islam ohne Scharia ist kompatibel mit den Menschenrechten; und er ist möglich. Das Edelste an dieser Religion ist zu retten, wenn man die Scharia ohne Kompromisse bekämpft als das, was sie ist: die schlimmste Gefahr für Demokratie und Menschenrechte im 21. Jahrhundert. Es ist die Aufgabe der jüngeren Generationen in den moslemischen Ländern, diese Kulturrevolution einzuleiten und zu Ende zu bringen. Zu diesem Behufe werden sie sich der Geschichte stellen müssen. Seine Vergangenheit nicht zu kennen heißt, sie wiederholen zu müssen. Wer weiterhin das Märchen von der islamischen Toleranz verbreitet, behindert diejenigen moslemischen Intellektuellen, die ernsthaft an jener Reform des Islam arbeiten, die im 19. Jahrhundert so erfolgversprechend begann; denn er beraubt sie der Chance, eine Vergangenheit zu überwinden, die zur ausweglosen Gegenwart zu werden droht. Gelänge es den Reformern, den Islam radikal zu entpolitisieren und ihn von der Hypothek der Scharia zu befreien, dann könnten die Muslime zu wirklichen Bürgern in ihren Staaten werden. Übrig bliebe jene hochgradig spirituelle Religion, die nicht nur Goethe fasziniert hat: Hegel nannte den Islam die »Religion der Erhabenheit«.

Versagen ohne Verhängnis – zum Abbau der politischen Kultur

Wohlfahrtsideologie statt politischen Zusammenhaltes

DER Wohlfahrtsstaat ist an seine Grenzen gekommen. Unter der Last von 2,5 Billionen Euro Schulden und aufgrund der Zumutung, die Verbindlichkeiten der bankrotten Länder Südeuropas großenteils bedienen zu müssen, droht die Bundesrepublik, finanziell zu kollabieren. Keynes hatte das Schuldenmachen als vorübergehende Maßnahme gutgeheißen, damit eine Wirtschaft wieder aus der Krise kommt. Er rechnete fest damit, daß die angekurbelte Konjunktur ihrerseits so viele Überschüsse abwerfen würde, daß die Schulden schnell wieder getilgt sein sollten. Indes, dieses Rezept läßt sich dazu benutzen, unentwegt den Wohlstand der aktuellen Generation zu erhöhen, indem auf Kosten der folgenden Schulden gemacht werden. Mit diesem Mißbrauch hatte er nicht gerechnet, noch viel weniger mit jenem, den seine vielzitierte Sentenz von 1924 – »in the long run we are all dead« – erlitten hat: Er illustrierte damit, daß nicht zwingend die hypothesengestützte Langzeitperspektive höher veranschlagt werden müsse als die Linderung konkreter und greifbarer Not. Doch den Satz haben andere zur Maxime entschiedener Negation von kollektiver Zukunft erhoben. In dieser ergreift der Wille das Wort, sich vom Gedanken an die Zukunft der kommenden Generationen nicht mehr binden zu lassen. Nimmt man diese Aufkündigung des intergenerationellen Gesellschaftsvertrages wörtlich, dann schrumpft der Zeithorizont auf fast reine Momentaneität; und in dieser sind Schulden egal: »Nach uns die Sintflut!«. Indes, wir wissen nicht, ob die Schulden eines Tages die Erde mehr verwüstet haben werden als die Abgase. Jedenfalls entziehen sie Lebenschancen – nämlich denen, die sie tragen müssen. Umstandslos haben wir hingenommen, daß sich die Zeithorizonte deshalb schleichend verengten; und akademische Diskurse beeilten sich, uns dafür zu loben, daß sich unsere alltäglichen Reaktionsweisen entsprechend »flexibilisiert« hätten, und uns zu empfehlen, dies als »Bereicherung« zu erfahren. Diese Entorientierung hat fast alle Diskurse entstellt, so daß wir nun maßgeblicher Mittel zur Korrektur beraubt sind. Und die Medienwelt illustriert täglich, wie sehr uns selbst das Bedürfnis nach Korrektur abhanden gekommen ist.[1]

Der Bankrott wird politisch gestundet, zeitlich »verschoben«. So entsteht eine Frist des »Verschiebens«, eine gleitende Zwischenzeit, also buchstäblich ein gespenstisches Vakuum, das sich füllt

1 Dazu vortrefflich: Großheim, 2012, besonders S. 32–46.

mit geistiger Leere. In letzterer bleiben die Ideologien aus, die früher zuverlässig ihren Aufschwung in den Krisen erhielten, selbst jene, die in den siebziger Jahren des 20. Jahrhunderts siegesgewiß über uns hereinbrachen. Diese scharen sich, trotz aller Diversität, hinter der Standarte der Sozialstaatsideologie, auf der das Wappen der Verteilungsgerechtigkeit sich schlapp faltet. Diese Ideologie trägt die namentlichen Embleme der Sozialphilosophen John Rawls und Jürgen Habermas. Der Wohlfahrtsstaat und das Politische vertragen sich schlecht. Im Wohlfahrtsstaat lösen sich »alle politischen Fragen in administrative Aufgaben« auf; und »da das Geschäft von Verwaltung und Administration naturgemäß von rein wirtschaftlichen Notwendigkeiten diktiert wird, ist es wesentlich nicht nur unpolitisch, sondern auch unparteiisch«.[2] Jeder Wohlfahrtsstaat geht letztlich auf in purer Administration. Und reine Administration liquidiert den Raum des Politischen und macht aus Bürgern bloße Untertanen. Niemand hat das besser vor Augen geführt als Niklas Luhmann mit seiner »Systemtheorie«; denn keine soziologische Theorie hat je den Begriff des Politischen gründlicher zerstört als diejenige des Verwaltungsfachmannes Luhmann. Ihm dürfte der Ruhm zukommen, die graue Eminenz unter den Ideologen des Wohlfahrtsstaates gewesen zu sein.

---

2 Arendt, 1974, S. 350f.

Die Ideologie des Wohlfahrtsstaates hat die intellektuelle Kultur barbarisiert. Das illustriert ansprechend jene Strömung der Geschichtswissenschaft, die sich »Sozialgeschichte« genannt hat, direkt entwachsen dem Biotop der Sozialstaatsideologie. Sie interpretiert die historische Entwicklung vor allem als Resultat der Kämpfe zwischen Interessengruppen; und Interessen ergeben sich aus der sozialen Lage: »Seit Marx ist es üblich, Interesse und Meinung, über deren Relevanz für den politischen Bereich natürlich kein Zweifel besteht, so eng aneinander zu koppeln, daß die Meinung als eine Funktion des Interesses erscheint.«[3]

Diese Sichtweise hat sich wie Blei auf die Gehirne eines Großteils der momentan intellektuell Tätigen gelegt und ihr Denken entintellektualisiert. Alles Verstehen verlangt, das Gehörte zu interpretieren. Will man Gehörtes interpretieren, sollte man das Gesagte sehr genau beachten, also im weitesten Sinne hermeneutisch verfahren. Diese Anstrengung darf sich ersparen, wer ohnehin weiß, was »hinter« dem Gesagten »steckt«. Diese Tugend, geistige Energie zu schonen, heißt »hinterfragen«. Der »Hinterfragende« ist sich bewußt, besonders »kritisch« zu sein, da er in der Lage ist, das, was »dahintersteckt«, messerscharf zu entdecken und dann den Sprechenden zu »entlarven«. Das tatsächlich Gesagte läßt sich beiseite schieben, denn es verbirgt ja bloß das

3 a.a.O., S. 292.

»Eigentliche«, nämlich das »Interesse«. Diese hohe Kunst diskursiver Divinatorik ist freilich schnell gelernt, denn »Interessen« kann jeder Simpel aus sozialen Lagen ableiten. Daher wimmelt es nur so von Entlarvungskünstlern. Da nun das maßgebliche und ernsteste Handeln von Menschen keineswegs ihren sogenannten Interessen entspricht, muß man sie den Akteuren unterstellen. Man muß die handelnden Menschen verdächtigen, nicht das zu meinen, was sie sagen, sondern »ihre Interessen« hinterrücks durchzusetzen. Eine ganze Generation von Journalisten und Akademikern hat auf diese Weise verlernt, bei ethnischen, kulturellen und religiösen Zusammenstößen hinzuhören und hinzusehen. Wie viele Jahre mußten wir in den Zeitungen lesen, bei den blutigen Verfolgungen und Vertreibungen der Christen in Nordnigeria gehe es um Land? Schwindende Urteilskraft ist, folgt man Hannah Arendt, das schlimmste Übel jeder Geisteskultur; denn es produziert unablässigen Wirklichkeitsverlust.

Warum überleben diese Ideologien und solch ideologisiertes Verhalten, obwohl sie überall versagen? Obwohl sie augenfällig in die permanente Unwahrheit, in die Verlogenheit und in die irrsinnigsten Bezichtigungen führen? Weil hierzulande keine anderen Sinnsysteme aufkommen, die sich auf globale Lösungen richten, ausgenommen den Scharia-Islam. Daß keine alternativen Sinnsysteme sich herausbilden, liegt daran, daß die Rückgriffe auf die kulturellen Bestände kaum noch möglich sind.

Diese geistige Situation erschwert es ungemein, die an sich triviale Frage zu stellen: Wo ist das *lien social*, das soziale Band, das eine Gesellschaft auch dann zusammenhält, wenn sie schwere Belastungen aushalten muß? Wenn sie von öffentlichen Schulden erdrückt wird? Und wenn die demographische Kurve dem Fortbestehen ihrer Kultur nur noch geringe Chancen läßt? Für sämtliche Ideologien, die ohne Zukunft auskommen, ist ein solcher Kollaps überhaupt kein Thema. Eine Zukunft gibt es für eine kollabierende Gesellschaft nur dann, wenn sie in der Lage ist, Vermögensschäden – im umfassendsten Sinne – auszuhalten. Sobald es heißt, Verluste umzuverteilen, in immer schlimmerem Ausmaß, dann stellen sich alle sozialen Sektoren die Frage, warum sie bereit sein sollten, diese Verluste mitzutragen. Sie stellen sich also die Frage nach dem Zusammenhalt. Und damit thematisieren sie ihre eigene politische Identität.

Unser Grundirrtum rührt von der Welfare-Ideologie her: Wir fassen die Bundesrepublik Deutschland als bloße »Gesellschaft« auf, nicht als »politische Gemeinschaft«. Diesen Irrtum verstetigen und nähren ganze Heere von Journalisten und Redakteuren, ganze Institute und Forschergruppen. Typischerweise hat sich der Begriff der Gerechtigkeit zunehmend gefüllt mit dem Problem des »gerechten Verteilens«. Aber just eine gerechte Verteilung kann es niemals geben. Denn was als »gerecht« empfunden wird, hängt vom gemeinsamen Sinnsystem all derer ab, die teilen sollen, also letztlich vom Einverständnis darüber, welche Äquivalenzen jeweils als angemessene gelten. Fehlt dieses gemeinsame Sinnsystem oder wird es diffamiert, dann artet jede Diskussionen über Gerechtigkeit in eine Neid-Debatte aus. Die Bundesrepublik Deutschland war die Zugewinngemeinschaft par excellence, daher eben keine Gemeinschaft, sondern in vielen Aspekten ihres Selbstverständnisses eine Shareholder-Assoziation. Gesellschaften beruhen auf dem Tausch, Gemeinschaften auf dem Opfer. Gesellschaften funktionieren wunderbar, solange es Gewinne zum Umverteilen gibt. Aber was, wenn die Schönwetterperiode endet? 50 Jahre bei relativ gutem ökonomischen und politischen Wetter waren ein historisch sehr seltener, ja unnormaler Zustand. Es war vorherzusehen, daß er an sein Ende anlangen würde. Nun plötzlich sollen Einbußen verteilt werden. Aber wie? Gesellschaften sind außerstande, Verluste umzuverteilen; sie lösen sich stattdessen auf. Verluste werden gemeinsam nur getragen von Gemeinschaften, die opferbereit sind. Der Begriff des Gemeinwohls impliziert logisch und politisch denjenigen der Opferbereitschaft. Denn nur wenn man ein gemeinsames Schicksal hat, gibt es ein gemeinsames Wohl. Nur dann stehen die Mitglieder auch in schwersten Zeiten füreinander ein, ohne an Bezahlung zu denken. Die Opferbereitschaft hängt also ab vom Grad der Identifizierung. Böckenförde hat dies so ausgedrückt: »Ein (...) gemeinsames

Wir-Gefühl prägt sich darin aus, daß mental wie auch emotional dasjenige, was die anderen betrifft, auch mich angeht, nicht von der eigenen Existenz getrennt wird. Auf dieser Grundlage kommt es – Ausdruck von Solidarität – zur Anerkennung gemeinsamer Verantwortung, von Einstandspflichten und wechselseitiger Leistungsbereitschaft. Es ist der ›sense of belonging‹ (...), das Bewußtsein, das Empfinden und der Wille, zusammen eine Gemeinschaft zu bilden, ihr anzugehören und an ihr – im Angenehmen und Nützlichen wie im Schweren und Belastenden – teilzuhaben. Nicht zuletzt gehört dazu zumindest in Umrissen auch ein gemeinsames Geschichtsbild als Anker solcher Gemeinsamkeit.«[4]

Der letzte Satz läßt aufhorchen. An ihm hängt sowohl, ob Deutschland als Nation überlebt, als auch, ob ein geeintes Europa überhaupt entstehen kann. Denn wir werden keine gemeinsame Zukunft ersinnen, wenn wir nicht Halt finden an einer gemeinsamen Vergangenheit. Gelingt letzteres nicht, dann wird sich in den einzelnen europäischen Ländern eine Vielzahl von religiösen und ethnischen Geschichtsbildern tummeln. Dann wird Europa als politische Größe nicht entstehen. Dazu mehr im letzten Kapitel.

Was heißt Zusammenstehen auch »im Schweren und Belastenden«? Solche Solidarität beruht auf Identifizierung; und die erheischt eine hinreichende

---

4 Böckenförde, 2011, S. 289f.

kulturelle Homogenität. Denn nur ein zureichender Wertekonsens zwischen den Mitgliedern garantiert eine genügende Zusammengehörigkeit auch dann, wenn diese Zusammengehörigkeit über längere Zeit mit Opfern verbunden ist. Unvermeidlich wird die Opferbereitschaft desto mehr ins Zentrum der kommenden Debatten rücken, je mehr die Bürger den sozialen Zusammenhalt gefährdet sehen, vorausgesetzt, sie sind in der Lage, ihre Meinungen und Sorgen im öffentlichen Raum auszutauschen. Werden sie von einer »öffentlichen Meinung« mundtot gemacht, dann können solche Deliberationen nicht stattfinden, dann werden Lösungen nicht erörtert, und dann kollabieren unsere Sozialsysteme lautlos wie einstens der Ostblock kollabierte. Wir werden in spätestens anderthalb Jahrzehnten zu sehen bekommen, was unsere Zivilgesellschaft wert ist. Bei mangelndem Bewußtsein des reziproken Angewiesenseins ist es nicht verwunderlich, daß die Reichen in immer dramatischerem Ausmaß ihr Eigentum und ihr Einkommen aus der sozialen Verpflichtung herausnehmen und versuchen, der Steuer zu entkommen; und es ist anderseits nicht verwunderlich, daß die Quote derjenigen Menschen wächst, die sich eher alimentieren lassen wollen, als Leistungen zu erbringen. Viele Vermögende glauben allen Ernstes, es sei ihre individuelle Leistung, der allein sie ihr Einkommen verdanken. Den enormen administrativen Aufwand, der die komplexe Gesellschaft täglich vor dem Kollaps bewahrt, für fraglos gegeben zu halten mag eine professionell förderliche Blindheit sein. Aber diese Blindheit liegt auf demselben Nullpunkt zivischen Bewußtseins wie die unbekümmerten Ansprüche von leistungsunwilligen Alimentierten.

Indes, die Momente sozialer Solidarität müssen sich nicht zwangsläufig verflüchtigen. Nur dann, wenn der Staat noch weiter als Maschine zur Redistribution mißbraucht wird und wenn die Finanzierung sozialer Maßnahmen alles erstickt, entsolidarisieren sich die sozialen Sektoren unvermeidlich und arbeiten wechselseitig auf den Kollaps hin. Werden die Staatsausgaben endlich gekürzt, bedarf es kompensatorischer Leistungen. Es werden die karitativen Funktionen nicht ausreichen, sondern es bedarf der mäzenatischen und euergetischen. Was ist mit letzteren gemeint? Das euergetische System ist eine Erfindung der hellenistischen Stadtkultur des 4. Jahrhunderts v. Chr. In einer Gesellschaft, die regelmäßige direkte Steuern ablehnte, eignete sich der Euergetismus vorzüglich, um die reichen Bürger in die Pflicht zu nehmen, damit sie für das Gemeinwesen regelmäßig und kräftig spendeten. Die Motivation dieser Euergeten folgte der Maxime: »Ich spende, und dafür erhalte ich Ehre und Ansehen.« Sie paßte perfekt zu den hellenistischen Städten mit ihrer enormen Kultur der Öffentlichkeit. Das System hielt sich – auch unter dem Schutzschirm des Römischen Reiches – mehr als ein halbes Jahrtausend. Eine schwache Imitation des antiken Euergetismus wirkt im Bildungssektor der USA; und selbst die beeindruckt uns mit ihrer Effizienz. Es wird in den nächsten Jahrzehnten vordringlich nicht darum gehen, karitative Maßnahmen auszuweiten. Diese helfen den Bedürftigen in ihrer Eigenschaft als private Menschen; aber sie ignorieren notwendigerweise deren Eigenschaft als Teilhaber an kulturellen Gütern. Just diese Eigenschaft bereitet einer künftigen euergetisch-mäzenatischen Funktion ein empfängliches Feld. Weite Bereiche unserer geistigen Kultur sind nur aufrechtzuerhalten, wenn Mäzene und Euergeten sie auffangen, sobald das Gemeinwesen sich aus ihnen zurückzieht. Es gibt im zivilen Leben nichts, was den Gemeinsinn und die soziale Solidarität so sichtbar manifestiert wie die euergetischen Leistungen; sie machen das Engagement der reicheren Bürger für das Gemeinwesen glaubwürdig. Und der Anspruch auf solche Glaubwürdigkeit ist berechtigt. Das euergetische System könnte die europäische Kultur nach der Abwicklung des Wohlfahrtsstaates retten. Doch es kann niemals gedeihen in einer Kultur des epidemischen Verdachtes. Man kann den Spender nur dann ehren, wenn man vorbehaltlos seinen Gemeinsinn anerkennt. Wer den Euergeten verdächtigt, seine »Interessen« zu befördern, ihn bezichtigt, die Sorge ums Gemeinwohl nur vorzutäuschen, kann Ehre nicht geben, sondern verunehrt den Spender. Es sind nicht unsere einfältigen Steuergesetze, die den Weg zu einem üppigen Euergetismus blockieren. Es ist zuvorderst die Seuche des Verdächtigens. Sie wird in Gang gehalten durch »sozialkritische« Diskurse im Fluidum unserer öffentlichen Kultur. Dazu später mehr.

Verfassungspatriotismus als Gemeinschaftsersatz

Einst hatte Dolf Sternberger einen Verfassungspatriotismus gefordert; und Jürgen Habermas hat denselben propagiert. Könnte ein solcher die Kohäsion der bundesrepublikanischen Gesellschaft garantieren? Die Frage zielt auf das Verhältnis von Bürgeridentität und einer besonderen Form von Patriotismus.

Selbst das Minimum an zivischer Identität verträgt sich nicht mit jener »postkonventionellen Identität«, die Habermas in einem Atemzug mit dem »Verfassungspatriotismus« postulierte. Eine »postkonventionelle Identität« ist ein Widerspruch in ipso. Denn jedwede Identität wird maßgeblich konstituiert von Konventionen, also von menschlichen Übereinkünften – gleichgültig, ob sie die Form expliziter Gesetze annehmen oder die Form von Regeln und Sitte. Wie könnte ein Individuum die sozialen Normen internalisieren ohne Einübung in die Konventionen seiner Kultur? Man stelle sich eine Identität ohne Konventionen vor: Entweder fesselt sie den Menschen an den hobbesianischen Naturzustand, in dem er seinen Mitmenschen als postkonventioneller Wolf begegnet, oder aber sie zeitigt einen Menschen, der göttlichen Befehlen gehorcht und darum über die Konventionen – die per se menschlich sind – erhaben ist. Man könnte das Wort als eine der vielen verbalen Seifenblasen des Frankfurter Sozialphilosophen abtun, wenn die Semantik nicht grausig wäre. Hier genügt es zu wissen: Eine »postkonventionelle Identität« taugt zu keinerlei Verfassungspatriotismus. Denn eine Vaterlandsliebe zur Verfassung bedeutet einerseits, daß just diese Verfassung es ist, die von den Bürgern die höchste Loyalität fordern darf und die extreme Opferbereitschaft, ja die Aufopferung des eigenen Lebens, falls nötig. Sie bedeutet anderseits, daß die größte Opferbereitschaft just einem Text gebührt, der die obersten und unantastbaren Konventionen eines Staatsvolkes in sich kombiniert. Einen solch hohen Status hat in Europa keine Verfassung jemals erlangt. Einzig die amerikanische Verfassung ist seit über zwei Jahrhunderten imstande, mit einer enormen zentripetalen Kraft die divergierenden sozialen, ethnischen und religiösen Segmente der eigenen Bürgerschaft auf einer berechenbaren Umlaufbahn zu halten.

Verdeutlichen wir das Problem. In einem Vortrag vertrat der ehemalige Verfassungsrichter Dieter Grimm – im Mai 2010 – die These, Nation, Geschichte und Kultur hätten aufgehört, maßgebliche »Dimensionen« zu sein; aus ihnen bezögen wir keine Orientierung mehr. Wirklich? Zwar ist unbezweifelbar, daß die Nation keine für die Orientierung maßgebliche Größe mehr sein kann. Sie wird es sogar dann nicht sein, wenn die Europäische Union aufgelöst wird und eine paneuropäische Denkpause von etwa 20 Jahren eintritt, in der die europäischen Völker sich darauf besinnen, auf welche Weise sie ein einziges Volk werden wollen. Denn das »Ob« steht außer Frage. In der Besinnungspause wird sich jegliche nationale Verantwortung daran messen lassen müssen, wie sehr sie auf eine supranationale gemeinsame Zukunft ausgerichtet ist. Ganz anders verhält es sich jedoch mit den »Dimensionen« Kultur und Geschichte. Wenn sie ausfallen, dann verliert nicht nur die Bundesrepublik Deutschland ihre Lebensfähigkeit, sondern es wird dann kein Projekt »Europa« mehr geben. Dieses Projekt hat sein Fundament einzig und allein in Kultur und Geschichte. Grimm schlußfolgerte, an die Stelle der drei abgehalfterten »Dimensionen« trete die Verfassung. Von dem Rechtsgelehrten Dietmar Willoweit kam darauf der Einwand: Man könne die Verfassung nicht mit Werten so vollpumpen, daß sie zum Religionsersatz wird. Keine Frage, Willoweit hat recht. Aber warum hat er recht?

Niemals kann es in Deutschland einen Verfassungspatriotismus geben, auch nicht in Frankreich. Die europäischen Revolutionen folgten nicht der amerikanischen Revolution, sondern der französischen. Sie alle erlagen der Versuchung, das Volk und seine Bedürfnisse über jenen Rahmen zu stellen, in dem das Volk als *demos* seine Freiheit unentwegt realisiert. Denn die europäischen Revolutionen mündeten nirgendwo in der Neuzeit in Verfassungen; genauer: »Die verfassunggebende Tätigkeit wurde nie wieder als die wichtigste und bedeutendste aller revolutionären Taten empfunden«, wie Hannah Arendt kommentiert. Die Revolutionäre jedweder Couleur bekräftigen seit 1789 ein empörendes Desinteresse an Staatsformen und Verfassungstypen. Diese Gleichgültigkeit kulminiert in Robespierres Ausruf: »La république? La monarchie? Je ne connais que la question sociale.« Wenn die Frage nach der Verfassung eine so nebensächliche ist, dann kann man Verfassungen wechseln wie billige Hemden. Die französische Nation erprobte innerhalb eines Jahrhunderts 14 Verfassungen. Ganz anders die amerikanische Revolution. Unermüdlich kreisten die Gedanken der Gründungsväter um die Form der politischen Ordnung. Mit intensivsten Diskussionen in ihren 550 *town halls* nahmen die Amerikaner an der Entstehung dieses neuen *ordo* teil, wissend, daß sie einen Neubeginn in der Geschichte der Menschheit setzten. Das amerikanische Volk erschuf sich selbst, indem es seine Verfassung formte. Diese Konstitution ist etwas radikal anderes als alle späteren Verfassungen, und zwar deswegen, weil ihre Genese einen Gründungsakt darstellt, wie ihn die Welt weder zuvor noch danach zu sehen bekam. Kein Wunder also, daß von einer »Sakralisierung der amerikanischen Verfassung« die Rede ist. Hans-Ulrich Wehler nannte sie kürzlich einen »heiligen Text«. Der mißbilligende Unterton verwundert. Denn Wehler selber schildert in seiner »Deutschen Gesellschaftsgeschichte«, wie das Grundgesetz als »Organisationsstatut« eines Provisoriums auf den Weg gebracht wurde. Was ist politisch und emotional entleerter als ein Organisationsstatut?

Daß bei den Amerikanern die *Constitution* so erstaunlich gut als sozialer Kitt wirkt, ergibt sich weder aus den bloßen Regeln noch aus der relativ tiefen Verankerung des Respekts vor den basalen Gesetzen. Vielmehr ergibt sich die kohäsive Kraft aus der Verknüpfung von Verfassungstreue und großen Narrativen. Der Unabhängigkeitskrieg, die Mühen der »Gründungsväter« und vor allem der Bürgerkrieg liefern Narrative von faszinierender Dichte. Sie verleihen der Verfassung die Weihe eines *covenant*, eines quasisakralen Bundes, der die Nation nicht bloß zusammenhält, sondern sie konstituiert wie jener Bund, der am Horeb die Israeliten zum Volk machte. Demokratien benötigen Heldentum und Opfergänge in weit höherem Maße als andere Staatsformen. Denn es sind die Opfer, die etwas »teuer« machen. Und umgekehrt: Das Bewußtsein, wie kostbar eine Ordnung ist, hängt daran, ob man sich erinnert, um welchen Preis die Vorfahren sie errichteten, um sie uns weiterzureichen. Ferner hat eine solche Verfassung wie die amerikanische auch deswegen Bestand, weil sie nicht zur Blaupause für Sozialprogramme mißbraucht wird. Als Lincoln nach der Schlacht von Gettysburg die amerikanische Nation neu definierte, indem er die Unabhängigkeitserklärung über die Verfassung stellte, sprach er zwar aus, daß diese den Zweck habe, die Versprechen jener zu erfüllen. Doch das kardinale Versprechen ist nicht in Sozialprogramme umzumünzen; es zielt vielmehr auf den Kern der Menschenrechte, nämlich auf die politische Gleichheit und die individuelle Freiheit.

Die Wiedervereinigung Deutschlands wird auch darum für alle Zeiten ein Monument des historischen Stumpfsinns bleiben, weil unsere politische Klasse eine einmalige Chance weniger verspielte als vielmehr wegwarf: Die Deutschen hätten sich in einem breitgelagerten deliberativen Prozeß selber eine Verfassung geben können. Sie hätten sich in diesem Prozeß verwandelt zu einem souveränen Demos, zu einem historischen Subjekt, und sie hätten sich zum veritablen Autor ihrer eigenen politischen Ordnung konstituiert. Vielleicht wäre dann ein Verfassungspatriotismus möglich geworden. Es geschah nicht. Wen nimmt es Wunder, daß die eurokratische Nomenklatura für die Konstituierung der Europäischen Union keine Verfassung vorsieht?

Das Böckenförde-Paradox. Die politische Freiheit diskreditieren

Die Parzellierung des Gemeinwohls in lauter Tarifverträge der einzelnen Sektoren einer Gesellschaft entkräftet den Begriff des Gemeinwohls und löscht ihn im Bewußtsein des Volkes. Damit büßt dieses jene Qualitäten ein, die es als *demos* auszeichnen. Es mutiert zur »Bevölkerung«. Eine »Bevölkerung« kann keine Demokratie schultern. Die Mutation ist verhängnisvoll, aber nicht verhängt; sie ist die Resultante von Versagen. Es ginge auch anders. Wie sehr darf nun ein freiheitliches Gemeinwesen dem Zerfall seiner eigenen Substanz entgegenwirken? Das ist umstritten. Zur Umstrittenheit beigetragen hat das berühmte Diktum Böckenfördes von 1964: »Der freiheitliche, säkularisierte Staat lebt von Voraussetzungen, die er selbst nicht garantieren kann. Das ist das große Wagnis, das er, um der Freiheit willen, eingegangen ist. Als freiheitlicher Staat kann er einerseits nur bestehen, wenn sich die Freiheit, die er seinen Bürgern gewährt, von innen her, aus der moralischen Substanz des einzelnen und der Homogenität der Gesellschaft, reguliert. Anderseits kann er diese inneren Regulierungskräfte nicht von sich aus, das heißt mit den Mitteln des Rechtszwanges und autoritativen Gebots, zu garantieren versuchen, ohne seine Freiheitlichkeit aufzugeben und – auf säkularisierter Ebene – in jenen Totalitätsanspruch zurückzufallen, aus dem er in den konfessionellen Bürgerkriegen herausgeführt hat.«[5]

Der erste Satz ist zum geflügelten Wort geworden. Indes, wieviel Einsicht enthält er? Kein politisches System hat auf dieser Erde jemals die Voraussetzungen garantieren können, denen es seine Existenz verdankt. Der unaufhörliche historische Wandel läßt das nicht zu. Es gibt überhaupt keine Garantie. Der Satz ist somit an sich banal. Harmlos ist er freilich nicht. Denn die nachfolgenden Sätze liefern den Kontext und präzisieren die Bedeutung. Es sind zwei »Regulierungskräfte«, aus denen sich die Freiheit der einzelnen herstelle, die »moralische Substanz« der Individuen und die Homogenität der Gesellschaft. Letztere ist genauer zu besehen. Sie kann ja in einer stark differenzierten Gesellschaft nicht soziale oder religiöse Homogenität meinen, sondern die politische. Diese betrifft allerdings die internalisierten Normen und Werte der Bürger. Sie bestimmt damit teilweise die »moralische Substanz«. Somit ist, wenn man das dialektische Verhältnis der Kategorien besieht, die »moralische Substanz« teilweise keine eigenständige »Kraft«, sondern eine abhängige Variable. Die Quintessenz der Aussage lautet mithin: ohne zureichende Homogenität der Gesellschaft kein freiheitliches Gemeinwesen. Der Rechtsgelehrte behauptet nun keinesfalls, es könne der Staat diese beiden

5 Böckenförde, 1976, S. 60

Kräfte nicht garantieren, was eine banale Aussage wäre. Vielmehr verlangt Böckenförde kategorisch, daß der Staat sich jeglichen Versuches zu enthalten habe, solches zu tun. Dieses Veto konsterniert. Wozu dient unser ausgedehntes System öffentlicher Bildung? Ganz gewiß doch dazu, auf die »moralische Substanz« der angehenden Bürger einzuwirken. Und selbstverständlich ist mit der Schulpflicht ein unabweisbarer Rechtszwang verbunden. Ist der freiheitliche Staat in einen säkularisierten Totalitätsanspruch zurückgefallen? Das berühmte Diktum glänzt nicht mit logischer Stimmigkeit. Dennoch ist ihm ein frenetischer Anklang beschieden gewesen. Warum scheint es dermaßen plausibel? Die Antwort liegt im Verhältnis von Liberalismus und Demokratie. Böckenförde betont, »daß Rechtstaat und Demokratie nicht auf derselben Ebene liegen, sondern unterschiedliche Dinge sind (...), daß sich von den Freiheitsrechten her eine demokratisierende Tendenz entwickelt, anderseits aber die Demokratie durch den Rechtstaat eingegrenzt wird (...) Der Rechtstaat denkt die Freiheit als vorausliegend, und sie kann nur begrenzt eingeschränkt werden.«[6]

So seien die Grundrechte geschützt; Mehrheitsbeschlüsse dürften sie weder aushöhlen noch abschaffen. Böckenförde operiert also mit der klassischen Dichotomie »individuelle Freiheit« gegen

6 Ders., 2011, S. 368f.

»politische Freiheit«. Der Rechtsstaat kommt ohne politische Freiheit aus; und er soll der Hüter der individuellen Freiheit sein, nötigenfalls gegen die Demokratie. Diese demokratophobe Ansicht wiederholt die liberale Kritik an der Demokratie, von Constant über Tocqueville bis zu Burckhardt und Talmon. Die Furcht vor dem Gespenst »totalitäre Demokratie« hat sich in diesen Sätzen eingenistet. Nicht ohne Bedacht fällt die Formel »Totalitätsanspruch«. Verböte also der Rechtsstaat, daß die Demokratie die »Homogenität der Gesellschaft« zu sichern suchte?

Jedes politische System, das glaubhaft machen kann, wie wertvoll seine eigene Fortdauer ist, wird immer und überall bestrebt sein, einige Voraussetzungen seiner eigenen Existenz ständig zu reproduzieren. Andere Voraussetzungen, oft sehr wichtige, entgehen entweder seiner Reichweite oder auch seiner Kenntnis und seiner Aufmerksamkeit. Doch es gibt Voraussetzungen, die zu beeinflussen eine Demokratie sehr wohl imstande ist. Ja sie könnte diese sogar substantiell verändern, falls der politische Wille ausreichte. Diesen politischen Willen a priori unter Verdacht zu stellen, totalitär zu sein, heißt, der Demokratie Wehrlosigkeit zu verordnen. Böckenförde konstruiert den Fall, in dem ein Staat so umfassend zum Nachtwächterstaat geworden ist, daß es einer unzulässigen Einmischung gleichkäme, wenn er sich mit administrativen, edukativen und rituellen Mitteln bemühen würde, seine eigene

Verfassung zu bewahren. Ein solch vorsätzlicher Verzicht auf politische Pädagogik ist ein radikaler Bruch mit dem klassischen Republikanismus. Von Aristoteles bis Constant stand außer Frage: Die gute Politeia muß dafür sorgen, daß sie selber sich reproduziert; unerläßlich sind sowohl die politische Erziehung als auch Gesetze, die verbannen, was den Grundwerten widerspricht. Eine Politeia, die sich dieser Sorge enthebt, liefert sich dem kulturellen Wandel hilflos aus. Ihr wird die politische Freiheit im Wachtraum abhanden kommen.

Das Böckenförde-Paradox läßt sich unschwer in die neoliberale Tonart transponieren – ganz entgegen der Absicht des Autors. Dann ist nicht nur der Einsatz von Rechtszwang verpönt, sondern die Einmischung überhaupt. Der Staat dürfte weder den Kulturbetrieb finanzieren noch die Renten noch die Sozialversicherung noch das Bildungssystem noch die Hospitäler. Er müßte alle kulturellen Prozesse laufen lassen. Wie sogar Schumpeter einsah, richtet der Markt notwendigerweise die politischen Institutionen zugrunde, falls man ihn nicht institutionell zügelt. Der marktförmig verlaufende kulturelle Wandel erbrächte binnen kürzester Frist den Kollaps nicht allein der Demokratie, sondern des Staates überhaupt. Das ist der Grund, weshalb die Theoretiker des Neoliberalismus – nicht bloß Nozick und Buchanan – einem politischen Anarchismus anhängen. Sobald der Liberalismus sein republikanisches Erbe über Bord wirft, werden die

Wogen der Geschichte ihn für zu leicht befinden, und schon der geringste politische Seegang wirft ihn auf zwei fixe Ideen zurück, an denen er wie an Klippen zerschellt: erstens auf die Idee, das Individuum besitze nur Rechte und unterliege keinen Pflichten; zweitens auf die Idee, die Gesellschaft löse ihre Aufgaben mittels selbstregulativer Prozesse. Die erste Idee ist purer Anarchismus und entfacht den Krieg aller gegen alle. Die zweite entzieht dem Individuum prinzipiell die Eigenschaft, ein *zoon politikon* sein zu können. Man dürfte schlecht beraten sein, der »Gesellschaft« irgendeine »Aufgabe« zuzumuten, denn sie ist keine handelnde Entität. Das »Selbst«, das sich hier regulieren müßte, existiert nicht. Denn nur über eine reflexive kollektive Identität läßt sich ein »Gemeinwohl« dieser Ganzheit thematisieren. Solange der Liberalismus noch der republikanischen Idee die Treue hält, kann er nicht hinnehmen, daß die »Gesellschaft« über die politische Identität eine Nation bestimmt. Denn dies ist eine öffentliche Aufgabe, ergo eine des politischen Raumes. Letztlich berührt der Böckenförde-Satz die Frage, ob sich moderne Demokratien noch als Gemeinschaften begreifen dürfen oder ob ihnen verordnet ist, bloß eine pluralistische Zivilgesellschaft zu sein, die sich auf kein Gemeinsames mehr einigt, weil das Gemeinsame kein Anliegen mehr ist.

Benjamin Constant kontrastierte in seinem berühmten Vortrag über die beiden Freiheiten 1819 hart die politische Freiheit der Antike und die individuelle Freiheit der Moderne. Zunächst läßt er anklingen, daß die politische Freiheit in der Moderne die Dienerin der persönlichen Freiheit sein müsse. Doch am Ende des Vortrages gibt er zu bedenken, zwar strebe der Mensch berechtigterweise danach, glücklich zu werden, doch der bessere Teil seiner Natur bestimme ihn dazu, sich zu perfektionieren. Und so sei die politische Freiheit letztlich die höhere: »Die politische Freiheit ist das mächtigste und energischste Mittel zur Perfektionierung, das der Himmel uns gegeben hat.«[7]

Der große Liberalismus hat dies immer eingestanden; dazu verpflichtete ihn seine alte republikanische Tradition. Es darf nicht verwundern, daß auch Böckenförde später seine Meinung änderte. Als er sich 2005 gegen die Aufnahme der Türkei in die Europäische Gemeinschaft aussprach, begründete er das so: »Dieser ›sense of belonging‹, das darf nicht übersehen werden, muß in demokratisch organisierten Gemeinschaften stärker ausgeprägt sein als in autoritär oder technokratisch verfaßten. In jenen müssen die zum Bestand und zur Fortentwicklung der Gemeinschaft ergehenden Entscheidungen von den Menschen nur hingenommen werden als von anderer Seite auferlegt und nicht selbst zu verantworten. In dem Maße, in dem eine Gemeinschaft demokratisch organisiert und auf demokratische

7 Constant, Ecrits politiques, S. 617.

Legitimationsverfahren angelegt ist, müssen diese Entscheidungen von den Menschen positiv mitgetragen werden als von ihnen selbst getroffene und ausgehende. Daher bedarf es in weiterem Umfang gemeinsamer Auffassungen und Zielsetzungen, die das aktive Handeln der Gemeinschaft mittragen und sie dazu befähigen.«[8]

Demokratien erfordern einen kräftigeren Zusammenhalt als alle anderen politischen Systeme. Gerade der Gedanke der Volkssouveränität und des gemeinsamen kollektiven Handelns auf der Basis kollektiver Willensentscheide erheischt solche höhere Kohäsion – trotz Pluralismus. Demokratien sind Wertegemeinschaften. Und wenn sie sich zu einer übergreifenden Gemeinschaft zusammenschließen, dann können sie nur Demokratien bleiben, wenn sie in ihrer Union eine Wertegemeinschaft bilden. Folglich dürfen und müssen sie ihre verfassungsmäßigen Mittel gebrauchen, um diese Kohäsion zu schützen und die Homogenität der Gesellschaft zu fördern. Ist, wie Benjamin Constant 1819 sagte, die politische Freiheit das stärkste Mittel zur Perfektionierung des Menschen, dann ist sie das höchste Gut auf Erden. Dann ist freilich ein freies Gemeinwesen verpflichtet, alle anderen Güter hintanzustellen, um dieses Gut zu retten und zu bewahren.

Es ist bisher noch kein Ersatz für die Homogenität der ethisch-politischen Grundlagen eines

---

8 Böckenförde, 2011, S. 290.

Gemeinwesens gefunden worden. Und man wird wohl auch niemals einen ausfindig machen. Es bleibt den Demokratien nichts anderes übrig, als dem Wertewandel klar definierte Grenzen zu setzen, andernfalls versinkt dieses größte Geschenk im Meer postdemokratisch regulierter Unfreiheit und verblaßt seine Idee in einer unwiederbringlichen Erinnerung. Dem Wertewandel Grenzen zu setzen ist eine Angelegenheit der politischen Kultur, genauer: der Leitkultur eines Gemeinwesens.

Statt einer Leitkultur: politische Korrektheit und öffentliche Meinung

Es hat nirgendwo in der Geschichte der Menschheit eine multikulturelle Gesellschaft gegeben. Kein Historiker hat je eine Gesellschaft ausfindig gemacht, in der mehrere Kulturen gleichberechtigt nebeneinander existierten. Stets dominierte eine ethnische oder religiöse Gruppe und hielt die anderen Gruppen im Status von Dhimmi oder von Schutzbefohlenen. Die Gleichberechtigung aller Gruppen ist erst dann möglich, wenn alle sich einem Kanon von gemeinsamen Werten beugen. Tun sie das nicht, dann herrscht eine hohe Konfliktneigung mit grassierender Kriminalität und Gewalttätigkeit; und ein Gemeinwesen kann dann nicht bestehen. Nun sind Republiken besondere Gemeinwesen, da sie auf die aktive Partizipation ihrer Bürger angewiesen sind. Umso dringlicher ist für sie das Erfordernis eines Sets von gemeinsamen Grundwerten. Anders gesagt: Republiken benötigen eine allen Bürgern gemeinsame Kultur, die den partikularen »Kulturen« übergeordnet ist. Darum schließen Multikulturalismus und Integration einander aus. Integration bedeutet, daß ein Teil sich in ein Ganzes eingliedert. Doch der Multikulturalismus verträgt sich per definitionem nicht mit der Idee eines übergeordneten Ganzen. Da jede einzelne Kultur für sich selber ein Ganzes sein soll, gäbe sie sich auf, wenn sie sich in ein größeres Gesamt eingliederte.

Der Begriff der Leitkultur hat hier seinen historischen Ort. Er macht denjenigen der Integration überhaupt operationabel. Menschen, die ihre mitgebrachten Werte und Überzeugungen über die Verfassung und Gesetze des Gastlandes stellen, in dem sie wohnen, bleiben integrationsunfähig. Sollten die Behörden weiterhin ihre Strategie beibehalten, die Integrationsunwilligen durch finanzielle und soziale Geschenke »willkommen« zu heißen, darf sich niemand wundern, daß solche Bestechung bei den Adressaten bloß die Verachtung anspornt, mit der sie den Behörden begegnen. Integrationsbereitschaft läßt sich nicht kaufen. Im Gegenteil. Die teuren Integrationsprogramme provozieren immer weitergehende Ansprüche. Denn Immigranten an sich bereichern Europa nicht. Sie bereichern es dann und nur dann, wenn sie sich in die europäische politische Kultur integrieren. Tun sie das nicht, dann erzeugen sie finanzielle, soziale und vor allem kulturelle sowie politische Kosten, die horrende Ausmaße annehmen können.

Sich integrieren heißt, einen Katalog gemeinsamer Werte und Überzeugungen übernehmen. Wer dazu nicht bereit ist, bleibt unfähig, Bürger eines demokratischen Staates zu werden. Ohne einen gemeinsamen Rahmen von Werten und Überzeugungen sind die Bürger außerstande, entlang der Idee eines gemeinsamen Wohls sich zu einigen auf abstimmbare Optionen. Die Idee des Gemeinwohls ist nur tragfähig, wenn sämtliche Gruppierungen bereit sind, ihre partikularen Interessen immer daran messen zu lassen, ob sie verträglich sind mit dem Wohl des übergeordneten Ganzen. Fehlt diese Bereitschaft, dann akzeptieren die in partikulare Gemeinschaften aufgesplitterten Bürger keine Mehrheitsentscheidungen. Ohne Mehrheitsentscheidung keine Demokratie. Die verfassungsmäßigen Organe können dann nicht mehr entscheiden. Das »Aushandeln« wird zur einzigen Weise, noch gemeinsames Handeln einzuleiten. »Beschlüsse« sind dann nichts weiter als Verträge zwischen sich fremd gegenüberstehenden Gemeinschaften. Eine Republik, wie wir sie kennen, gibt es dann nicht mehr. Wie das aussieht, ist seit Jahrzehnten am Beispiel des Libanon zu ersehen.

Als seinerzeit Bassam Tibi eine Leitkultur forderte, sprach er sich dafür aus, die Werte der Aufklärung zu verteidigen. Strömungen in der CDU suchten daraus nicht sehr glücklich, eine »deutsche Leitkultur« zu machen; dabei hatten sie allerdings einen wichtigen Punkt im Auge: Die partizipatorische Republik benötigt zumindest eine gemeinsame Sprache. Die Nachfahren der neuen wie der klassischen Linken haben sich damit begnügt, dieses Thema zu verfemen. Doch sie hätten niemals Persern, Arabern oder Afrikanern das Recht abgesprochen, in ihren Ländern eine »Leitkultur« haben zu wollen. Die Forderung, die Bürgerschaft müsse einen gewissen Grad an Homogenität bewahren, provoziert hierzulande einen Reflex. Angst vor »Homogenisierung« grassiert, seitdem Adorno die »Identität« damit belastet hat, dem Nationalsozialismus gedient zu haben. Indes, eher könnte das Gegenteil zutreffen; der Nationalsozialismus trieb ja just die »Differenz« auf die Spitze. Alle Kultursoziologie weiß, daß Homogenität ohnehin niemals zu erreichen ist, weil jegliche Homogenisierung auf einem Gebiet sofort Differenzierungen auf einem anderen hervorruft.

Daß der Begriff »Leitkultur« verleumdet wurde, ist symptomatisch für die endemische Weigerung, nachzudenken über die Voraussetzungen, unter denen allein eine Demokratie funktionieren kann. Toleranz reicht hierfür nicht aus, zumal sie im politischen Raum einen negativen Inhalt annehmen muß, wie oben dargelegt. Eine »humanistische« Leitkultur genügt leider auch nicht. Denn eine demokratische Republik verlangt mehr, sie verlangt einen höheren Wertekonsens. Damit ein politischer Raum in republikanischer Form überhaupt bestehen kann, ist vonnöten vor allem der freie Austausch der Gedanken auf geregelter und partiell auch institutionalisierter Basis. Und dafür sind Routinen des Interagierens und auch Prozeduren unentbehrlich, die nicht zu erwerben sind ohne eine gewisse politische Pädagogik; denn das Partizipieren erfolgt ja durch Deliberation – durch Mitreden und Mitentscheiden. Diese Praktiken erheischen eine besondere »republikanische« Leitkultur. Doch an deren Stelle hat sich die sogenannte öffentliche Meinung gesetzt. Sie ist das Surrogat jener Leitkultur, die in der Bundesrepublik nie entstehen konnte. Dieses Surrogat erzeugt unablässig hohe kulturelle Kosten. Besehen wir sie.

Die öffentliche Meinung ist ein Gift, an dem jede Demokratie stirbt, denn sie ist »in Wahrheit der Tod aller Meinungen und Meinungsbildung«. Sie entzieht jeder Gesellschaft die Möglichkeit, ihre eigene Selbstreflexion zu betreiben, wie Hannah Arendt es ausdrückt: »Meinungsfreiheit und Herrschaft einer einmütig vertretenen öffentlichen Meinung (sind) schlechterdings unvereinbar (...), es (kann) keine echte Meinungsbildung geben (...), wo alle Meinungen zusammenfallen. Kein Mensch kann sich eine eigene Meinung bilden, ohne sich auf andere Meinungen einzulassen und sie an ihnen auszuprobieren; woraus sich ergibt, daß die Herrschaft der öffentlichen Meinung sogar die Meinungsbildung der wenigen gefährdet, die imstande sind, ihr zu widerstehen.«[9]

In den Medien fungiert die »öffentliche Meinung« zunehmend als eine Instanz, auf die man sich in der Weise beruft, als hätte sie den Status des Volkswillens. Je obsessiver die Politiker in einer repräsentativen Demokratie auf die »öffentliche Meinung« starren, desto mehr gefährdet diese die politische Freiheit. Unglücklicherweise hat sich die »öffentliche Meinung« verflochten mit der berüchtigten »politischen Korrektheit«. Diese Verflochtenheit ist nicht augenfällig und trotzdem real. Um sie zu verdeutlichen, ist ein Umweg zu nehmen. Im Austausch der Meinungen schwingt immer der Anspruch auf Wahrhaftigkeit mit, und sei er noch so gering. Denn wenn die geäußerten Ansichten sich dieses Anspruches entheben, braucht kein Gesprächspartner sie zu beachten. Das gilt in gesteigertem Maße dort, wo unentwegt Thesen zu überprüfen und zu bewahrheiten sind, also in der wissenschaftlichen Sphäre. Doch gerade in den Geisteswissenschaften ist ein Trend spürbar, der im Gefolge der Dekonstruktion den Begriff der Wahrheit zu depotenzieren im Begriffe ist. Nun gibt es ohne Wahrheit keine Wissenschaft. Wenn die Postmoderne sich darin gefällt, Wahrheitsansprüche rundheraus abzulehnen, öffentlich zu bespötteln und zu denunzieren, dann beschädigt sie das Ansehen der Wissenschaft im ge-

9 Arendt, 1974, S. 290.

samten öffentlichen Raum. Das Umgekehrte gilt gleichermaßen: Weil der Wissenschaft die Zuständigkeit abgesprochen wird, für die Wahrheit Sorge zu tragen, sieht sich die Wahrheit als Leitidee nun einer Entwertung ausgesetzt, die sich gerne vom Brustton überlegener Skepsis begleiten läßt. Die Rückwirkungen sind im akademischen Milieu zu besichtigen: Die Beschäftigung mit der Methodik, also mit den Regeln des Überprüfens und des Bewahrheitens, geht in den Geisteswissenschaften dramatisch zurück, diejenige mit der Rhetorik, also mit der Technik des plausiblen »Kommunizierens«, steigt exponentiell an. Darum vermindert sich konstant die Quote derjenigen Akademiker, die imstande sind, zu prüfen und zu widerlegen. Das zeigt sich bei manchen sogenannten sensiblen Themen handgreiflich. Dort werden Diskussionen unangenehm, sobald die Teilnehmer zu verbindlichen Aussagen auf die gewohnte wissenschaftliche Weise gelangen wollen, nämlich mittels der Kontroverse unter der Jurisdiktion von Wahrheitsregeln. Denn es gilt immer weniger das *Logon didonai*, das genaue Zuhören, das saubere Festhalten des zu Zitierenden, um es zu prüfen und zu widerlegen. Wie aber dann das Sagbare absondern vom »Falschen«? Es kommen neue, ganz anders geartete Verbindlichkeiten auf. Wo das logische Argumentieren unerwünscht ist, muß man das Denken bevormunden. Das geschieht am einfachsten, indem bestimmte Denkinhalte als verpönt und nicht statthaft ausgeschieden werden. Die Kriterien für solche Aussonderung können nur noch moralische und politische sein. Wenn Wahrheit kein Maßstab mehr für den geistigen Austausch ist, dann ist erzwungener Konformismus die einzige Basis, auf der man das Richtige vom »Falschen« trennt.

Wissenschaftlicher Agnostizismus und moralischer Fundamentalismus sind Zwillingsbrüder. Sie marschieren im Gleichschritt gegen die Kultur der Aufklärung, und sie treiben uns zurück in eine neuartige, selbstverschuldete Unmündigkeit. Seltsam an dieser geistigen Situation ist, daß Wahrheitsansprüche liquidiert werden können, ohne daß eine mächtige dogmatische Religion das erzwänge. Die Zwänge rühren aus diskursiven Konstellationen in der medial bedrängten Kultur selber. Der ernötigte Grundkonsens besteht aus einem Set gutmenschlicher Axiome, die umso giftiger beschworen werden, je weniger sie eine diskursive Prüfung bestehen. Die talkshowmäßige Intelligenzreduktion ermächtigt die Gesinnungsemphatiker dazu, sich allseitig zu entrüsten, vage zu verdächtigen und gezielt zu verleumden. Seltsamerweise erfolgt die Einschüchterung der Andersdenkenden umso hysterischer, je weniger eine religiöse Hierarchie der Agent der Unterdrückung ist, je mehr eine selbsternannte »Avantgarde« dieses Regime gesinnungslegitimer Wahrheitslimitierung betreibt. Dieses Regime produziert kulturelles Gift. Denn die erste und fundamentalste Dimension der politischen Freiheit –

im Gegensatz zur individuellen – ist die Freiheit des Gedankens und des Wortes, was die Griechen *Parrhesia* nannten. Freiheit ist immer die Freiheit des Andersdenkenden.

Die Bundesrepublik erlebte mit dem »Historikerstreit« 1986/1987 erstmals, wie die politische Korrektheit sich brachial als Diskursform durchsetzte, die es erlaubte, die Gegner moralisch zu verfemen. Aus der Frage, ob die Thesen von Ernst Nolte richtig sind oder falsch, wurde die Frage, ob man ein moralisch noch tragbarer deutscher Historiker sein könne, wenn man so denke wie Ernst Nolte. Diese Umbiegung sachlicher Fragen geleistet zu haben – weg von der Wahrheit hin zur Moral –, ist eines der Verdienste des Sozialphilosophen Habermas. Er hat im »Historikerstreit« Michael Stürmer und dem jüdischen Historiker Franz Oppenheimer vorgeworfen, sie wollten »uns mit einer Floskel wie ›Schuldbesessenheit‹ die Schamröte über dieses Faktum austreiben«[10]. Es lohnt, kurz bei dieser Aussage zu verweilen. Was die Schamröte eines Sozialphilosophen, der Zitate verbog, auch immer heißen mag: Eines bedeutet sie auf jeden Fall, nämlich den Anspruch auf moralische Überlegenheit gegenüber allen, die vergebens im Spiegel nach ihrer Schamröte suchen. So wurde Bigotterie zum strategischen Vorteil in einer geistigen Auseinandersetzung. Habermas hatte die Stirn, sich auf Jaspers und dessen

10 Habermas, 1987, S. 75 f.

»Schuldfrage« zu berufen. Der hatte jedoch betont, im moralischen Sinne sei Scham ausschließlich dort am Platze, wo ein Mensch gehandelt hat und sein Handeln ihm Unbehagen bereitet. Jene Solidarität der Deutschen, von der Jaspers spricht, die bewirke, daß man sich verantwortlich fühlt für die Taten seiner Angehörigen, hat nichts zu tun mit Schuld und Scham. Sie hat zu tun mit Verantwortung in Würde. »Haftbarmachen heißt nicht als moralisch schuldig erkennen (...) Diese Haftung als solche trifft nicht die Seele«, schließt Jaspers.[11] Sie tangiert folglich weder mein Gewissen und mich überhaupt als moralische Person. Wäre das anders, dann würden die Nachgeborenen zu Schuldigen; und dann wären die Menschenrechte reiner Humbug. Denn moralisch beginnt mit jedem Menschen die Welt aufs Neue. Doch die Habermas-Methode des Textelesens erlaubt, sich sogar dann auf Texte zu berufen, wenn diese das Gegenteil dessen aussagen, wofür sie herhalten müssen. Der Wille zur moralischen Einschüchterung verlangt nach einer autoritativen Verbürgtheit der moralischen Überlegenheit, koste diese, was sie wolle.

Der Sieg der »Entrüsteten« im Historikerstreit hat der politischen Korrektheit zur diskursiven Hegemonie verholfen. Als moralisch unablässig erzwungener Pseudokonsens liegt sie nun wie Blei auf dem intellektuellen Leben der Bundesrepublik.

---

11 Jaspers, 1979, S. 45.

Gewiß tragen Habermas und seine Mitstreiter während jenes Streites dafür nicht die alleinige Verantwortung. Denn dieser Erdrutsch in der geistigen Kultur hatte sich lange vorbereitet; und er vollzog sich als Folgewirkung des Zusammenströmens verschiedenster »Diskurse«. Was die Verkultung der Schoah zu einem quasireligiösen Phänomen paradigmatisch vormachte – Sprachregelungen und Sprechverbote durchsetzen, indem man auf die Opfer pocht –, war leicht zu kopieren. Andere haben schnell gelernt, die Opferrolle zu spielen, um ebenfalls Ansprüche zu stellen und Sprechverbote zu verhängen. Diverse »Minderheiten« haben sich ihre Weltsichten gebastelt, die sich allesamt gegen das »System« richten; eine multikulturalistische Ideologie hat begonnen, alles ihr Entgegenstehende als »nationalistisch« und »rassistisch« zu etikettieren. Statt der Argumente ist das Verfemen zum Einsatz gekommen, unter Beihilfe institutioneller und sozialer Machtmittel – in großem Stil, vor aller Augen und bei voller Lautstärke; denn es gilt ja exemplarisch abzuschrecken.

Obwohl die Mechanismen inzwischen unverborgen wirken, ist es schwierig, die »politische Korrektheit« zu definieren. Sie stellt sich empirisch dar als eine hegemoniale Sprechweise, deren sich eine Vielfalt unterschiedlichster selbsternannter Minderheiten bedient, um ihre Anliegen auflodern zu lassen und ihre Ansprüche zu erheben. Diese hegemoniale Diskursform ist erkennbar an Maximen, die implizit wirken, bisweilen sich auch offenherzig aussprechen. Ihr substantielles Minimum lautet: »Was Sie sagen, mag sachlich richtig sein, aber Sie sagen es in dieser oder jener Absicht. Zwar werden Sie abstreiten, diese Absicht zu verfolgen; doch wir wissen es besser; und unsere Pflicht ist es, die Gesellschaft vor diesen Absichten zu warnen!« Die über das Minimum hinausgehenden Taktiken sind vielfältig und jeweils auf eigene Art abstoßend.

Solche »politische Korrektheit« erlaubt es Politikern, nach Belieben wissenschaftliche Gutachten einzuholen oder in den Papierkorb zu werfen. Die Bundesjustizministerin wischte am 1. März 2012 eine Studie des Innenministeriums über die Integrationswilligkeit junger Muslime vom Tisch mit dem Kommentar, man brauche »keine Debatte, die ein Zerrbild des Einwanderungslandes Deutschland« vermittle. Dieser Zynismus alarmiert nicht mehr, weil er erwartbar geworden ist: Die wissenschaftlich wertlose Studie über den Rassismus in Deutschland (Heitmeyer, 2012) produziert just ein solches Zerrbild, wird aber in der medialen Zirkulation mit politischer Signifikanz versehen.

Die »politische Korrektheit« zerreibt zuerst den Glauben an das zwingende Argument und an die universale Verbindlichkeit von Wahrheitsansprüchen. Das müßte jedem Intellektuellen an die Nieren gehen. Da weder Wahrheit noch demokratische Regeln für diese Haltung irgendeine Verbindlichkeit haben, kommen nach dem Verfemen die Drohungen, die geschleuderten Steine, der Aufschrei, der Messerstich, das Bombenlegen. Wie konnte es geschehen, daß eine solche diskursive Formation sich zur Ideallinie der »öffentlichen Meinung« erhob, zur Meßlatte für das »öffentliche Meinen«? Eine Antwort hierauf kann die Medien nicht aussparen.

Das massenmediale Feld unterscheidet sich fundamental vom wissenschaftlichen. In ihm geht es darum, ein Maximum an Aufmerksamkeit zu erringen; darum stehen alle Massenmedien unter dem Zwang zur Produktion von Sensationen. Das ist nicht allein eine Frage der geschickten Selektion von sensationablen Ereignissen, sondern auch ein intelligentes Haschen nach Skandalen. Während auf dem wissenschaftlichen Feld die internen Kontrollmechanismen und der Gebrauch von Wahrheitsregeln meist ausreichen, um Mißbräuche und Betrug nach einiger Zeit zu entdecken und sogar zu sanktionieren – trotz der akademischen Konsensgewohnheiten –, funktioniert die Welt der Medien völlig anders. Die Wahrheit ist hier keine Leitidee und kann es auch niemals sein, auch nicht bei den Printmedien. Die journalistische Produktionsweise muß sensationalisierbaren und skandalisierbaren Output erbringen. Und es wäre geradezu töricht, wenn Printmedien sich hinterher »berichtigten«. Der Übergang vom seriösen Journalismus zum Lumpenjournalismus scheint fließend. Woran erkennt man, ob die Grenze überschritten ist? Auf den ersten Blick scheinen das die Diskursnormen zu sein und das gruppenspezifische Ethos sowie die individuellen Orientierungen und die Spielräume der Akteure in ihren Redaktionen. Indes, es tritt noch ein Umstand hinzu. Eine bestimmte, erstaunlich konstante Quote von journalistischen Akteuren widersteht der Tendenz zum Lumpenjournalismus geradezu mühelos. Durch diese Weigerung schaffen sie Distinktionen, die dem gebildeten Leser rasch auffallen. Ihre Beiträge ragen heraus – nicht allein wegen der stilistischen Sorgfalt, sondern auch wegen der gründlichen Sachkenntnis sowie des intellektuellen Bemühens um Abwägung und Redlichkeit. Es sind keineswegs immer die Erfolgreichsten. Aber es sind die, vor denen der Sachkundige Achtung hat. Sie erwerben – im Bourdieuschen Sinne – symbolische »Differentialprofite«; d. h., sie steigern ihr symbolisches Kapital vermittels der Differenz zum journalistisch Üblichen.

Die Funktionsweise der Medien und die »politische Korrektheit« greifen im Kampf um Aufmerksamkeit ineinander. Dieser beinhaltet: Sachverhalte dramatisieren, hysterisieren, skandalisieren und dann die Skandale personalisieren. Je mehr die Akteure in den Medien dem Zwang unterworfen sind, Aufmerksamkeit zu verschaffen, je mehr sie ihren spezifischen Konkurrenzmechanismen erliegen, desto mehr benötigen sie »Knüller«. Die »politische Korrektheit« greift diesen Journalisten und medialen Akteuren beherzt unter die Arme. Ihr Druck zur moralischen Konformität schafft »rote Linien« und

»Übeltäter«; damit macht man das Schlagzeilen-Erfinden zum Sport: Wo ist ein Andersdenkender, also einer, der etwas sagt, was man nicht sagen darf? Anlegen, zielen, abdrücken! Eine regelrechte politische Idiotie breitet sich aus. Ihr läßt sich eine beachtliche Kreativität nicht absprechen. Sie zeigte sich in der jüngeren Vergangenheit im Erfinden von »Fallen« – allen voran die »Nazi-Falle«. Sie funktioniert folgendermaßen: Eine Gruppe von medialen Akteuren zieht einen Kreidekreis auf dem Boden; und wenn irgendwer gehenderweise den Kreis betritt, stimmt die Meute ihr Geheul an. Natürlich konnte dieses kindische Kreisemalen auf die Dauer niemanden einschüchtern, der in der Lage war, seine Ansichten zu vertreten. Die medialen Narren glaubten wirklich an die magische Kraft ihrer Kreide und ihres reflexhaften Geschreis – zumindest eine Weile. Es wäre ein Leichtes gewesen, ihnen zu entgegnen, daß sie in der »Stürmer-Falle« saßen; das auszusprechen hätte freilich bedeutet, sich auf ihr geistiges Niveau zu begeben. Sollte sich derlei wiederholen, dann müßte die Freiheit des Denkens eines Tages verteidigt werden gegen die Freiheit der Medien. Wie wichtig war doch in der Ära der konstitutionellen Umwälzungen der Kampf für die Pressefreiheit! Hätte jemand zu ahnen vermocht, daß diese Pressefreiheit zum Feind der politischen Freiheit werden könnte?

Der Kreis schließt sich. Die anfängliche Frage war die nach der öffentlichen Meinung. Nun ergibt sich, daß Pressefreiheit nicht identisch ist mit Meinungsfreiheit. Die Meinung ist immer eine individuelle, denn nur Individuen bilden sich eine Meinung. Kollektive sind in der Lage, die Meinungen der Individuen zu einer jeweils ganz bestimmten Angelegenheit zu bündeln. Doch die verschiedenen Meinungen können sie nur in segmentärer Weise und nur im extremen Fall kollektivieren. Das hat nichts zu tun mit den Rechten eines Menschen, sondern mit dem Umstand, daß Menschen den Dingen Bedeutung zuweisen. Weil wir Kulturwesen sind, begabt, Bedeutungen zuzuweisen, sind wir überhaupt in der Lage, aus dem unendlichen Schlamm der Bedeutungslosigkeit das herauszufischen, was für uns wichtig ist. Die dafür notwendigen Sinnsysteme entnehmen wir zwar unserer Kultur. Aber die individuellen Erfahrungen divergieren in einem solchen Grade, daß unmöglich zwei Menschen dieselbe Meinung haben können, auch wenn unbestritten bleibt, daß sie hinsichtlich bestimmter Sachverhalte zur selben Ansicht gelangen können. Zwar hat jeder Mensch das Recht, einer Sache Bedeutung zu geben; und kein Mensch hat das Recht, dem anderen diese Bedeutung abzustreiten. Doch selbst wenn man ihm dieses Recht entzöge, könnte er gar nicht anders; er müßte, sogar gegen seinen Willen, abweichen von allen anderen, sobald es um die Zuweisung von Bedeutung geht. Er kann Idiosynkrasien nicht von sich fernhalten; und darum ist er außerstande, sich eine andere Meinung zu bilden als seine eigene.

Eine »öffentliche Meinung« ist, wie Hannah Arendt sagt, die Mörderin der freien Meinungsbildung. Wenn es tatsächlich eine »öffentliche Meinung« gäbe, wie könnte man sich ihr entgegenstellen? Wer glaubt, daß seine abweichende Meinung der öffentlichen entgegengesetzt sei, erachtet seine eigene Meinung als eine rein private, die als solche überhaupt nicht öffentlichkeitswürdig wäre. Er müßte einknicken. Oder aber er verstünde sich als Andersdenkender; und indem der Andersdenkende seine Meinung öffentlich sagt, bezeichnet er die öffentliche als das, was sie in Wirklichkeit ist – als die Meinung einzelner, die mediale Macht ausüben, von sehr vielen gebilligt. Werden diese vielen aber befragt, dann weichen sie oft erheblich von dieser öffentlichen Meinung ab. Wer realiter nicht abwiche von der öffentlichen Meinung, unterläge einer perfekten Gehirnwäsche. Eine solche hat es außer in extremen Situationen historisch nie gegeben. Wenn die Medien es schaffen, eine öffentliche Meinung herzustellen, dann ist der Punkt erreicht, an dem sie die Freiheit des Meinens unterdrücken und beschädigen.

Es wird nun ersichtlich, wieso eine republikanische Leitkultur und eine »öffentliche Meinung« sich gegenseitig ausschließen. Erstere muß jene Tugenden umgreifen, die Menschen dazu befähigen, sich als Bürger gegenüberzutreten. Sie umfaßt aber auch die Voraussetzungen, die im öffentlichen Raum herrschen müssen, damit die Bürger mit ihren individuellen Meinungen einander begegnen können. Der öffentliche Raum einer Republik funktioniert vor allem als neutrales Forum, in dem die vielfältigsten individuellen Meinungen aufeinandertreffen und sich gegenseitig beeinflussen. Eine »öffentliche Meinung« käme einer totalitären Beschlagnahme des Sagbaren gleich und würde die politische Freiheit liquidieren.

Hält man sich den unhintergehbar individuellen Charakter der Meinung vor Augen, wird ersichtlich, daß es unmöglich ist, Meinungen zu repräsentieren. Hier befindet sich eine Schwachstelle der repräsentativen Demokratie. Deren Anspruch besteht nicht bloß darin, daß vermittels der Repräsentation das Volk »indirekt« herrscht, sondern auch darin, daß in der Repräsentation das Gemeinwohl am besten gefunden wird: »Interessen sind politisch nur als Gruppeninteressen von Bedeutung (...) Meinungen dagegen können sinngemäß niemals die Meinungen von Gruppen, sondern immer nur von Einzelnen sein, sofern sie sich ›ihrer Vernunft in Freiheit und ohne die Hitze der Leidenschaft‹, welche das Interesse oder auch das bloße ›Gefühl‹ entfacht, bedienen. Keine Menge, ob sie nun als Teilgruppe auftritt oder vorgibt, die Gesellschaft im ganzen zu vertreten, ist je fähig, sich eine Meinung zu bilden. Meinungen entstehen nur, wo Menschen frei miteinander Verkehr pflegen und das Recht haben, ihre Ansichten öffentlich kundzutun (...)«[12]

---

12 Arendt, 1974, S. 292.

Wenn Abgeordnete aufhören, nach bestem Wissen und Gewissen das Gemeinwohl anzustreben, dann werden sie zwangsläufig Interessen vertreten. Die vielbeklagte Entparlamentarisierung resultiert aus dieser Doppelbewegung, in der einerseits die Parteien sich immer weiter zu Interessenverbänden verhärten, anderseits die politische Deliberation aus den Parlamenten entflieht. Die Ausweitung des Fraktionszwanges synkopiert diesen Prozeß. Sie wird inzwischen von Politikern damit begründet, daß bestimmte Materien »keine Gewissensfragen« seien, ergo der Abgeordnete seine Stimme nicht frei abgeben dürfe, sondern sich der Fraktion unterzuordnen habe. Diese Enteignung des Gewissens müßte uns alarmieren; sie löscht die Meinung aus, um das vorformulierte Interesse an deren Stelle zu setzen. Dieser Logik gemäß brauchte man im Parlament meist gar nicht mehr abzustimmen. Regierung und Opposition müßten bloß die blanke Anzahl ihrer Sitze in den Zählautomaten werfen. Man brauchte dann keine Parlamentarier mehr.

Jedes Parteiensystem tendiert dazu, die Nation – d.h. den *demos* – zu zerteilen in lauter Interessengruppen. Doch eine republikanische Leitkultur kann sich mit dieser Aufsplitterung nicht abfinden. Da die Meinungen im Volk nicht zu repräsentieren sind, erheischt eine republikanische Kultur, die ihren Namen wert ist, Foren und Debatten, auf denen und mittels derer die Bürger selber – nicht vermittels ihrer Repräsentanten – miteinander reden, um ihre Meinungen zu bilden, zu verändern, zu erhärten, zu begründen oder zuzuspitzen. Das kann nur geschehen in Versammlungen, d.h. in der Kopräsenz interagierender Bürger. Niemals können virtuelle Versammlungen das leisten, weil Kommunikation ohne Interaktion schlechterdings jede Debatte in Eskalationen treibt.

Und ein Letztes. Es kann sich keine Leitkultur dauerhaft halten, ohne eine gemeinsame kulturelle Erinnerung. Ohne positive memorialpolitische Bezugspunkte in der Vergangenheit entsteht keine Identifizierung mit einem staatlichen Gebilde. Davon soll später die Rede sein.

Die Umgründung Europas auf die Religion

Keine kulturelle Orientierung ohne historische Erinnerung

DAS »erste« Gesetz der Geschichte lautet: Alles ist verlierbar. Die Verlierbarkeit rührt aus dem kulturellen Wandel. Menschliche Gesellschaften wandeln sich unablässig; dieser Wandel geschieht zwangsläufig und ist von niemandem zu verhindern. Wandel kann »Gutes« bringen, nämlich »Verbesserungen«, die in einer bestimmten Kultur als solche gelten. Freilich können in diesem Wandel anderseits die eindrucksvollsten kulturellen Errungenschaften wieder verlorengehen. Wir können das wissenschaftliche Denken wieder verlernen; die Emanzipation der Frau kann den nächsten Generationen abhanden kommen; die Religionsfreiheit kann vollkommen verschwinden. Sobald die repräsentativen Demokratien sich auflösen, werden die Bürgerrechte gegenstandslos und die Menschenrechte sinnlos. Die Generationen, die dann heranwachsen, werden den Verlust nicht einmal wahrnehmen, weil er für sie bedeutungslos sein wird. Denn im Wandel verändern sich die Sinnsysteme. Und in einer gewandelten Welt kann man nicht einmal mehr abschätzen, wie schwer der Verlust wiegt; denn was semantisch entwertet ist, also seinen Sinn verloren hat, kann nicht mehr gewogen werden.

Das »zweite« Gesetz der Geschichte betrifft die »Kosten«. Nichts auf dieser Erde ist umsonst. Die Geschichte stellt sich unmittelbar dar als eine Abfolge von Katastrophen; darum sind alle kulturellen Errungenschaften teuer erkauft, mit hohem Einsatz und zäher Mühe, oft mit entsetzlichen Opfern – die republikanische Staatsform ebenso wie der Religionsfriede, der Rechtsstaat ebenso wie die Friedensordnungen, die Demokratie ebenso wie die Menschenrechte. Um die Sklaverei abzuschaffen, mußte der Norden der USA einen äußerst blutigen Bürgerkrieg führen und mußten die Briten und Franzosen in Afrika ständig militärisch agieren.

Wer das ignoriert, dessen kulturelles Bewußtsein liegt auf einem relativ niedrigerem Niveau als dasjenige von Angehörigen sogenannter primitiver Kulturen. Denn noch die einfachste derselben hält Mythen bereit, um ihren Mitgliedern bildhaft vor Augen zu führen, daß nichts selbstverständlich ist und daß die Ordnung, in der sie leben, eine gestiftete ist – sei es von Göttern, sei es von Heroen; die Mythen verhelfen den Menschen zu einem geschärften Bewußtsein davon, daß alle kulturellen Errungenschaften mühevoll erlangt wurden. Wer in unserer europäischen Kultur jene Kosten ignoriert, wer um die prinzipielle Verlierbarkeit nicht weiß, wem daher die Prekarität jeglicher kultureller Leistung nicht zu denken gibt, der streunt als Troglodyt durch seine Lebenswelt, die er für so naturgegeben hält wie der Bär den Wald.

Wir leben in der Geschichte, und wir müssen uns in ihr orientieren. Aber was heißt das? Gegen die Lehre, es sei die Aufgabe der Geisteswissenschaften, die kulturellen Schäden der Modernisierung zu »kompensieren«, hat einst Odo Marquard eingewandt, ihnen obliege vielmehr die Pflicht zur Orientierung. Das Wort »orientieren« enthält den Orient, das Morgenland. Es stammt wohl aus der Baukunst und meint dort die Ausrichtung griechischer Tempel und christlicher Kirchen nach Osten. Mit der Feststellung, wo Osten ist, sind automatisch alle anderen Himmelsrichtungen fixiert. Orientierung heißt Festlegung der Richtung. Was festgelegt ist, kann nicht mehr beliebig verändert werden. Orientieren beinhaltet, die Beliebigkeit auszuschalten; es bedeutet somit auch, die Flexibilität zu reduzieren. Orientierung heißt, in wichtigen Hinsichten inflexibel zu sein.[1] Deswegen gehört Orientierung zur Kultur, zur menschlichen Gesellschaft. Keine Gesellschaft ist imstande, sich langfristig auszurichten, wenn sie nicht auf Richtungen festgelegt ist. Kein Mensch ist orientierungsfähig, wenn er nicht vor aller Selbstreflexion weiß, was er in wichtigen Situationen zu tun hat.

---

1 Allgemein zum Thema: Stegmaier, 2008, S. 191–268; sehr konzise in der Argumentation: Großheim, 2012, S. 47–76.

Auf der elementaren kognitiven Ebene ist das Orientiertsein unschwer zu bemerken: Es kann nicht alles gleich wichtig sein. Wäre alles gleich wichtig, wären wir nicht bloß außerstande zu handeln, sondern völlig unfähig, wahrzunehmen, zu beobachten und zu denken. Jede Kultur leistet eine beträchtliche Selektionsarbeit mit Hilfe eines Apparates, der vor allem semantische Exklusionen vollzieht, also sehr weniges mit Bedeutung versieht, um alles andere als bedeutungslos auszuschließen. Sie konstituiert also die semantische Apparatur, mittels derer wir wahrnehmen. Doch hier geht es um mehr als nur das Wahrnehmen, nämlich um das Handeln. Kultur orientiert uns normativ. Sie pflockt unsere kardinalen normativen und geistigen Eckpunkte fest. Daß moralische und politische Schranken uns davon abhalten, bestimmte Dinge zu tun, verdanken wir der Orientierungsleistung unserer Kultur.

Aber sind Normen hinreichend stabil? Gewiß, jede Gesellschaft wird – oberflächlich besehen – von Normen zusammengehalten. Doch hinter den Normen stehen Werte. Solange uns diese Werte wichtig sind, werden wir an den Normen festhalten. Wenn die Frauen dasselbe Recht haben, als Personen in der Öffentlichkeit zu erscheinen, wie die Männer, dann müssen sie auf dieselbe Weise ihr Gesicht zeigen. Dann muß die Burka in Europa verboten werden. Das Verbot muß die Norm sein. Der Wert hinter der Norm ist die politische Gleichheit der Geschlechter. Wenn dieser Wert fällt, dann wird die Norm unbegründbar; und dann darf man Frauen das Gesicht verhängen und sie zu Hause einsperren.

Aber wir können die Werte nur verteidigen, wenn wir sie nicht allein kennen, sondern um ihre historische Bedeutung wissen. Amnesty International (AI) verteidigt das Recht jeder Frau, die Burka zu tragen. Diese Organisation bezieht eine menschenrechtsfeindliche Position, weil sie sich verirrt hat. AI hat die kulturelle Orientierung verloren, weil ihre Mitglieder vergessen haben, welcher Wert hinter der Norm des freien Gesichtes steht. Das Vergessen ist gravierend. Mit demselben Recht, das erlaubt, die Burka zu tragen, kann jemand seine eigene Freiheit verkaufen und sich in Sklaverei begeben. Wie würde AI darauf reagieren? Konsequenterweise müßte die Organisation verlautbaren, daß die Selbstbestimmung jedem Menschen erlaube, sich in Sklaverei zu verkaufen; ergo widerspreche das Verbot des Selbstverkaufs der Selbstbestimmung. Sobald dies Argument hoffähig wird und die Gesetzgebung erreicht, wird man die gesetzliche Norm ändern: Wir erlauben dann den Selbstverkauf in die Sklaverei. Geschähe das, so gäbe es spätestens drei Jahrzehnte später in Europa wieder massenhafte Sklaverei. Und warum? Weil wir zwar gelernt haben, daß der Artikel 1 der Menschenrechte unhintergehbar sein soll, aber kein Bewußtsein davon haben, wieso diese Unhintergehbarkeit von kardinaler historischer Bedeutung ist.

Um dieses Problem in Begriffe zu bringen, ist zu klären, welche Komponenten in der Orientierung wirken müssen. Besehen wir nochmals die Normen: Montesquieu vermutete, daß die Freiheit auf dem europäischen Kontinent verlorenginge, falls sie bloß auf den Sitten basierte. Nur Gesetze seien imstande, dauernde Freiheit zu gewährleisten. Wie das? Aus Errungenschaften werden Routinen. Deren Sinn und Zweck verflüchtigt sich allmählich; und dann werden Routinen langweilig. Der unablässige kulturelle Wandel macht aus langweiligen Routinen schließlich skurrile Überbleibsel. Solche absichtlich zu bewahren ist ein widersinniges Unterfangen. Hegel hat das derb ausgedrückt: »Die Gewohnheit (die Uhr ist aufgezogen und geht von selbst fort) ist, was den natürlichen Tod herbeiführt. Die Gewohnheit ist gegensatzloses Tun.«[2]

Alle Gewohnheit befördert das Vergessen, und alle Verdinglichung ist ein Vergessen. Darum ist zur Bewahrung von kultureller Identität das Eingedenken so wichtig: Sinn und Zweck eines Brauches müssen rituell oder pädagogisch immer wieder in das Bewußtsein eingeholt werden. Daher sind Gesetze stärker als Sitten. Sie haben ein Datum. Werden sie abgeschafft, so geschieht das als intentionaler Akt. Dabei zuckt häufig die Erinnerung daran auf, weswegen einst das Gesetz erlassen wurde.

2 Montesquieu, De l'Esprit des Lois, VIII, 8; Hegel, Werke in zwanzig Bänden, Bd. XII, S. 100.

Einer solchen Besinnung entledigt sich eine politische Elite, sobald ihr historisches Bewußtsein sich der Nullmarke nähert. Selbst extrem schwach organisierte Ethnien leisten einen relativ beachtlichen Aufwand, um das Selbstverständliche reflexiv einzuholen: In ihren Mythen machen sie sich bewußt, daß jede Institution und jeder wichtige Brauch »gegründet« oder gestiftet wurde, und hinfort zu bewahren und zu reproduzieren ist. Die Bedeutsamkeit und die Fülle gerade der aitiologischen Mythen, die das *Aition,* die Ursache, erzählen, illustriert sattsam diese kognitive Energie.

Über den Normen stehen Werte; aber hinter ihnen steht eine Geschichte. Werte geben zwar die Antwort auf die Frage, warum Normen gelten sollen. Aber diese Antwort wird wesentlich plausibler, sobald man uns erzählt, wie es dazu gekommen ist, daß ein bestimmter Wert obsiegte. Warum etwas gelten soll, wird plastisch und einprägsam, sobald wir wissen, wie es zur Geltung kam. Die weltweite Abschaffung der Sklaverei war nur möglich, weil eine sehr entschlossene Bewegung in der englischen und auch in der amerikanischen Gesellschaft sich unentwegt dafür einsetzte. Der Wert, auf den sie sich bezogen, war das unverlierbare Recht aller Menschen auf Freiheit. Wenn eines Tages dieser Wert, verankert im Artikel 1 der Menschenrechte, nicht mehr gilt, dann kann man legitimerweise die Sklaverei wieder einführen. Und er wird seine Geltung verlieren, sobald wir vergessen haben, was Sklaverei ist und wie schwer es war, sie zu beseitigen. Offensichtlich brauchen wir als politische Wesen eine nachhaltige Bildung mit festen Wertbezügen, die sich über Jahrhunderte hinweg durchhalten.

Demnach müssen wir unterscheiden zwischen Orientierung und historischem Bewußtsein. Dieses muß jener beistehen, damit sie dauerhaft bleibt. Wenn im folgenden vom historischen Erinnern die Rede ist, so ist damit kein Erinnern gemeint, das auf dem individuellen Erinnern beruhte oder ihm ähnlich wäre. Denn es handelt sich dabei nicht um das Erinnern von Erlebtem. Es ist vielmehr ein Vorgang, der direkt angeschlossen ist an das kulturelle Gedächtnis, wie Jan Assmann es konzipiert hat. Dieses Gedächtnis ist eine soziale Apparatur, wohingegen das Erinnern als dynamischer Vorgang auftritt, in dem sich stets eine Subjektivierung vollzieht: Das Erinnern bezieht sich auf ein Wir und geht *uns* an.

Der Unterschied zwischen Orientierung und historischer Erinnerung läßt sich plastisch vorführen: Sogar bei starker normativer Orientierung kann unser Handeln richtungslos und kriminell werden, wenn man unser Erinnerungsvermögen lahmlegt. Der Film »Memento« zeigt einen Mann, der die Fähigkeit, neue Erinnerungen aufzubauen, völlig verloren hat. Er ist daher manipulierbar und wird als Killermaschine gebraucht. Und George Orwell erzählt in seinem Roman »1984«, wie die Diktatur der Zukunft ständig die politische Vergangenheit umschreibt und so das kollektive Gedächtnis der

Untertanen verflüssigt. In der Tat, wenn das gelänge, könnte man Menschen programmieren wie Roboter. Ohne unsere Erinnerungen könnte man alles mit uns und aus uns alles machen. Doch das ist nur die eine Seite der Medaille.

In Wahrheit ist jegliche kollektive Erinnerung gekoppelt an ein kollektives Vergessen. Wie beide miteinander verschränkt sind, läßt sich illustrieren an Ereignissen, die sich am Ende der Dreyfus-Affäre zutrugen. Diese zerriss die französische Nation schon mehr als fünf Jahre, als 1899 der Revisionsprozeß begann. Am 9. September sprach das Kriegsgericht in Rennes Dreyfus zum zweiten Mal schuldig. Die aufgewühlte politische Landschaft erstarrte unter dem Befehl, den am 21. September der Kriegsminister de Gallifet an die Armee der Republik ausgab: »L'incident est clos! (...) Je vous demande et, s'il était nécessaire, je vous ordonne d'oublier ce passé.«[3] De Gallifet ordnete ein Vergessen an, von dem er glaubte, daß es heilsam sei, um einen bedrohten oder bereits verlorenen Konsens zurückzugewinnen – im Interesse der Einheit der Armee und des Vertrauens, das unabdingbar war, damit die Soldaten einer demokratischen Republik ihren Offizieren gehorchten. Dies um den Preis, ein Unrecht zu vergessen, das auch durch die Wiederholung seiner rechtlichen Bekräftigung um nichts gerechter geworden war. Jahrzehnte später wurde

3 Bredin, 1985, S. 551.

der Gerechtigkeit Genüge getan – weil Teile der Nation das befohlene Vergessen mißachteten.

Indes, das Erinnern ist keineswegs per se heilsam. Rachekulturen nötigen die Beleidigten, die Verletzung ihrer Ehre abzuwaschen mit einem Gegenschlag; und wenn die Beleidigten sich dieser Pflicht entziehen, verlieren sie Ehre und Achtung und müssen wegziehen oder untergehen. Was das bedeutet, darüber belehren uns in grausiger Deutlichkeit ethnologische Untersuchungen über die Racheregeln in Ostanatolien, Korsika und vor allem Albanien.[4] Diese Pflicht zur Feindschaft wird genährt von präzisen Praktiken des Mahnens. Rachekulturen pflegen Mnemotechniken, vor deren Intensität jegliche historische Bildung verblaßt: Die Requisiten des erlittenen Unrechts werden zur Schau gestellt, das heilige Versprechen, die Rache zu vollziehen, wird erneuert; bei der Bestattung der Getöteten entlädt sich eine angestaute Feindschaft in rituellen Gesten, mit denen sich ganze Sippen zur Vergeltung peitschen, ja ganze Städte oder Religionsgemeinschaften. Diese kodierten Manifestationen des Hasses in Trauerritualen überführen die Illusion, Trauer könne die Menschheit vereinen. Die Funktionäre der offiziellen Gedächtnispolitik in den europäischen Ländern seit dem Ende des 20. Jahrhunderts sind angetan vom berühmten Ausspruch des Baal shem

4 Black-Michaud, 1975, S. 116–140, 184–194; Schiffauer, 1987, S. 50–61; Wilson, 1988, S. 91–128.

Tov: »Das Vergessen verlängert das Exil; das Geheimnis der Erlösung heißt Erinnerung.« Jedoch ist das Gegenteil ebenso wahr; manches Erinnern verewigt das Unheil, und das Geheimnis der Erlösung heißt dann Vergessen. Denn Frieden wird es nur geben, wenn die Rache endet und auch die Entzweiung. Besehen wir nochmals den Befehl des französischen Kriegsministers. De Gallifet handelte zwar spektakulär, aber entlang einer strengen Logik. Er versuchte, das kulturelle Gedächtnis der Armee und der französischen Nation mitzugestalten, indem er ein Vergessen befahl. An diesem Gedächtnis ist unentwegt zu arbeiten, damit Nationen nicht auseinanderbrechen und Armeen gehorchen. Man darf nicht alles erinnern, um des inneren Friedens willen. De Gallifet setzte in die politische Tat um, was Ernest Renan in seinem berühmten Vortrag über das Wesen der Nation an der Sorbonne 1882 feststellte: »L'oubli et je dirais même l'erreur historique, sont un facteur essentiel de la formation d'une nation.«[5] Aus dieser Feststellung läßt sich jene Maxime ableiten, gemäß der de Gallifet seinen Befehl zum Vergessen ausgab. Renan verband die memorialkulturellen Funktionen mit der Notwendigkeit der politischen Eintracht handlungsfähiger Gemeinschaften. Er hat das Vergessen zur politischen Tugend erhoben.

Alle Nationen, alle Völker und alle Staaten beruhen auf fundierendem Vergessen. Gründend ist

---

5 Renan, Qu'est-ce que c'est une nation?, S. 7f.

ein solches Vergessen, weil es verhindern soll, daß alte Feindschaften zwischen Segmenten und Teilen der Gemeinschaft wieder bedeutsam werden. Die Bürgerkriege in den Städten des klassischen Griechenland wurden beendet, indem beide Parteien den Schwur leisteten, nichts Böses zu erinnern; desgleichen beinhalteten europäische Friedensschlüsse in der Regel die Klausel »vergeben und vergessen«.[6] Das kollektive Gedächtnis war somit ein ständig herzustellendes Resultat; die Beteiligten hatten auf ihr individuelles Gedächtnis so einzuwirken, daß sie dem Eid gehorchen konnten. Die Akteure mußten essentielle Inhalte ihres individuellen Gedächtnisses für das soziale Handeln wirkungslos machen, sie also unterdrücken. Aber führte das verordnete Vergessen nicht zu einer »Verdrängung«? Und hätte solche Verdrängung nicht einen Wiederholungszwang bewirken müssen? Das hatte die Althistorikerin Nicole Loraux im Hinblick auf die griechischen Vergessenseide behauptet.[7] Doch es war genau umgekehrt: In jenen Städten, in denen man zwar Vergessen schwor, sich dann aber nicht zum Vergessen zwang, eben dort dauerte es nie lange, bis man sich wieder bewaffnet gegenüberstand. Der Wiederholungszwang meldete sich dort, wo der Konsens der Bürger nicht ausreichte, um das Vergessen wirkungsvoll zu erzwingen. Dauerhafter

---

6 Fisch, 1979, insbesondere S. 35–56.
7 Loraux, 1987.

Friede stellte sich vielmehr dort ein, wo die sozialen, politischen, institutionellen und symbolischen Mechanismen stark genug waren, um repressiv die schmerzlichen Gedächtnisinhalte aus der politisch relevanten Kommunikation herauszudrängen. Hier versagt das psychoanalytische Modell. Die Verdrängung ist in der menschlichen Geschichte großenteils ein heilbringender Vorgang.

Es gibt kollektive Gedächtnisse, die mit verfälschten Inhalten operieren. Kollektive Erinnerungen können völlig unwahr sein. Solche erlogene Geschichte breitet sich seit den letzten vier Jahrzehnten epidemisch aus. Ethnien, die ihre Nachbarn jahrhundertelang versklavten, brüsten sich heute hysterisch als Opfer der Sklaverei. Eine hemmungslose Gedächtnispolitik löscht notwendigerweise die historische Wahrheit aus.[8] Die historische Bildung in europäischer Absicht aufzuwerten verlangt darum nach expliziter Einhaltung von kognitiven Geboten. Bildung bedarf eines zureichenden historischen Bewußtseins und Wissens. Dieses ist freilich per Mausklick nicht zu haben. Auch deswegen sind Journalisten und Politiker zu einer bildungsfernen Schicht geworden. Das Ressentiment der Bildungslosen, das sich der politischen Klasse ebenso bemächtigt hat wie der Medienakteure, wird inzwischen medial und karrieremäßig vergütet. Abgesehen von den hausgemachten Schwierigkeiten in der Fachwissen-

8 Siehe: Flaig, 2011, S. 670–671.

schaft selber liegt hier der maßgebliche Grund für das merkwürdige Desinteresse an der europäischen Vergangenheit.

Die Werte der europäischen Kultur – mit den Knotenpunkten »Demokratie«, »Menschenrechte« und »wissenschaftlicher Diskurs« – sind nur dann zu verteidigen, wenn die späteren Generationen, zumindest deren politische Eliten, nicht nur die Werte kennen, sondern die Erinnerung daran bewahren, warum die vorangegangenen Generationen um dieser Werte willen sich für die eine Option entschieden haben gegen andere. Die Erinnerung an die Weichenstellungen ist kardinal. Und für diese Erinnerung ist die Historie zuständig. Sie hält die Bedeutung jener Kriterien im Bewußtsein, die Auskunft darüber geben, was für die eigene – kulturelle und politische – Identität wichtig ist.

Aus diesem Grunde ist die Verfälschung von Tradition, die umstandslose Adaptierung des Überlieferten an die sogenannten Bedürfnisse der Gegenwart nicht unriskant; denn sie zermürben die Bestände einer Kultur. Was damit gemeint ist, läßt sich illustrieren an der »Bibel in gerechter Sprache«. Mit ihr ist eine vorläufige Klimax politischer Korrektheit erklommen worden. Nicht umsonst hat man sie eine »gesinnungsterroristische Gerechtigkeitsbibel« genannt; denn in der Tat beansprucht ihr Titel, daß jedwede andere Übersetzung nun als »ungerecht« gelten muß. Wenn wir dort lesen, daß das sechste Gebot nicht mehr lautet »Du sollst nicht ehebrechen«, sondern »Geh nicht fremd«, dann wissen wir, daß die Gesinnungspolitik sich nun daran macht, die Speicher unseres kulturellen Gedächtnisses zu liquidieren.

Die großen Texte einer Kultur konnten deswegen kanonisch werden, weil sie sistiert, d.h. als unveränderbare tradiert wurden. Diese Sistierung ist die entscheidende Voraussetzung für die Möglichkeit einer erstaunlichen intellektuellen Dynamik, wie Jan Assmann aufwies. Nicht allen Hochkulturen gelang dieser Schritt. Dort, wo er sich vollzog, wurde Exegese notwendig, damit der ursprüngliche und nun unveränderbare Text verständlich blieb. Die Arbeit der Exegese, eine besondere Sinnpflege, erzeugte wunderbare Dynamiken der kreativen Aneignung. Jene Dialektik von Text und Kommentar, die mehreren Hochkulturen einen unerschöpflichen Reichtum des Ausdeutens erbrachte, verdankt sich dieser Spannung, vermitteln zu müssen zwischen zwei Sinnhorizonten. Alles Lesen impliziert eine mehr oder weniger stark ausgebildete »Übersetzung« des Gelesenen; auch die einfachste schwäbische Bäuerin, die in den 1960er Jahren des Abends zu Hause in der Bibel las, übersetzte die Erzählung von Ruth und Boas aus einem fremden Sinnsystem in ihr eigenes, wohl wissend, daß es zwei unterschiedliche Sinnhorizonte waren. Die »Bibel in gerechter Sprache« beendet diese hermeneutische Arbeit. Sie gibt vor, Übersetzung zu sein; doch, wie Bischof Huber entgegnete, bietet sie Lug: »Die

Interpretation wird als Übersetzung ausgegeben.« Sie bietet einen Text, der alles hermeneutische Abmühen überflüssig macht, weil das, was »heute gerechterweise gemeint sein muß«, bereits als Wortlaut zu lesen ist. Es ist ein Pseudotext, angepaßt an ein Pseudolesen von Menschen, die zu hermeneutischer Leistung unfähig sind.

Unter dem stalinistischen Terror galt als Maxime des Textgebrauchs: Alle Passagen, die nicht linientreu waren, sollten eingeschwärzt werden. Doch unsere politische Korrektheit geht noch weiter: Alles, was nicht linientreu ist, ist umzuschreiben. Sie erfüllt jene Vision von George Orwells »1984«, wonach die totalitäre Diktatur alle Zeitungen der Vergangenheit je nach politischer Situation umschreiben und jeweils anpassen läßt. Machen wir uns nichts vor: Wenn es möglich ist, die Bibel umzuschreiben, dann wird es nicht lange dauern, bis wir einen »Shakespeare in gerechter Sprache« zu lesen bekommen, danach einen ebensolchen Kant oder Goethe. Geschieht das, dann werden die Gehirne umprogrammiert auf die Jetztzeit. Dem Denken der Zeitgenossen wird die zeitliche Tiefendimension allmählich abhanden kommen. Und das macht sie weitgehend manipulierbar. In den kommenden Auseinandersetzungen um die überbordenden Ansprüche von Religionen wird der kognitive Zugang zu dieser zeitlichen Tiefendimension von höchster Bedeutung sein.

Wie soll sich ein demokratisches Gemeinwesen gegenüber Religionen verhalten, die seine Fundamente nicht akzeptieren? Besehen wir einen Fall. Der Religionswissenschaftler Friedrich Graf hat in seinem vielbeachteten Buch »Moses Vermächtnis« eine totale Neutralität des Staates gegenüber den in ihm lebenden religiösen Strömungen verlangt – aus Anlaß des Streits um das Kopftuch. Dabei berief er sich auf das Böckenförde-Diktum von 1964. Seltsamerweise behauptet er: »Dem Gemeinwesen dienen Religionsgemeinschaften gerade, wenn sie sich auf die Pflege ihres eigenen religiösen Symbolkapitals konzentrieren.«[9] Bestünde darin tatsächlich ihr Dienst am Gemeinwesen, harrte unser ein böses Erwachen. Jede Religionsgemeinschaft auf dem Boden Deutschlands setzt sich zusammen aus lauter Menschen, von denen die meisten das Bürgerrecht innehaben, also Bürger dieser Republik sind. Sie sind somit Doppelwesen; sie sind nicht bloß Mitglieder einer religiösen Gemeinschaft, sondern zudem noch Akteure im Raum des Politischen. Als Bürger dienen sie einem auf Partizipation beruhenden Gemeinwesen gewiß nicht, indem sie sich auf die »Pflege ihres Symbolkapitals« verlegen. Als Bürger dienen sie dem Gemeinwesen am besten,

9 Graf, 2006, S. 78, 81f. u. 91, hier S. 83.

wenn sie am politischen Prozeß innerhalb der Institutionen partizipieren und sich für die Belange des Gemeinwesens einsetzen, sich also im Hinblick auf ein Gemeinwohl orientieren. Ihm anders dienen zu wollen heißt, den Bürgerbegriff zu negieren. Das »Hinnehmen« der Rechtsordnung und der Gehorsam gegenüber den Gesetzen ist eine hinreichende Loyalität für Untertanen eines Obrigkeitsstaates, desgleichen für die religiösen Parallelgesellschaften in den islamischen Ländern. In einem demokratischen Gemeinwesen bedeutet Loyalität mehr; sie verlangt eine gewisse Intensität an »Zugehörigkeit«, an Befürwortung der Grundsätze des politischen Zusammenlebens, an Rücksicht auf das Gemeinwohl und an verantwortlichem Einstehen für die Lasten, die gemeinsam zu tragen sind.

Und wie steht es um die »Pflege des Symbolkapitals«? Was tun, wenn diese Pflege beinhaltet, nicht der Verfassung gegenüber loyal zu sein, sondern der Scharia? Nicht die Bundesrepublik als das eigene Gemeinwesen zu betrachten, sondern im Ernstfalle die Umma? Nicht das Wohl der deutschen Staatsbürger im Auge zu haben, sondern zuvorderst das Wohl der Glaubensbrüder? Nicht zur Verteidigung der Bundesrepublik zu Opfern bereit zu sein, sondern zur Verteidigung der islamischen Weltgemeinschaft?

Die Forderung nach einer totalen Neutralität des Staates kann ernsthaft nicht gemeint sein. Wenn die Anhänger des Kannibalismus und der Pädophilie sich ein religiöses Symbolsystem erschüfen und sich zu Religionsgemeinschaften konstituierten, dann genössen sie, ganz liberal gedacht, deren Privilegien. Und falls dann der Satz gälte, nur die Frommen seien befugt, ihre Symbole auszulegen, dann hätte der Rechtsstaat nicht einmal eine Handhabe, »echte« Religionsgemeinschaften von »unechten« zu unterscheiden. Keine Demokratie wäre befugt zu entscheiden, welche Symbole mit ihr unvereinbar sind und welche nicht. Sie dürfte nicht bestimmen, was sie bedroht; sie müßte solche Drohung ignorieren. Es bliebe ihr bloß, darauf zu vertrauen, daß die – hoffentlich unblutigen – Auseinandersetzungen zwischen den Konfessionen ausreichen, um mit der Drohung fertigzuwerden. Solches Vertrauen ist ein Symptom fortgeschrittener historischer Demenz. Die besagte Neutralität ist eine Parole der Desintegration; sie entquillt einer selbstzerstörerischen Auffassung vom Politischen. Doch das Politische ist dazu da, den latenten oder offenen Kampf zwischen Religionen einzudämmen und ihre Bürgerkriege zu sistieren und nötigenfalls laut zu rufen: *Taceant theologici*! Denn just die monotheistischen Religionen sind zur gegenseitigen Anerkennung als Gleichberechtigte am wenigsten bereit gewesen.

Der Bürger ist kein Einwohner, sondern ein Doppelwesen, weil er im politischen Raum als partizipierender Zugehöriger agiert und interagiert. Aber um zu partizipieren, müssen die Bürger eine bestimmte Menge an Werten gemeinsam haben. Ansonsten fehlen zwei elementare Voraussetzungen für das Funktionieren eines republikanischen Gemeinwesens. Erstens kann es kein Gemeinwohl geben ohne eine Bürgerschaft, um deren Wohl es geht. Ein zivisches Bewußtsein ermöglicht, individuelles Wohl wie auch partikulares Interesse zu definieren im Hinblick auf und in Spannung mit einem Gemeinwohl, dessen Übergeordnetheit fraglos sein muß. Zweitens muß jeder Bürger bereit sein, Mehrheitsentscheidungen nicht bloß zu akzeptieren, sondern mitzutragen; und dies wird ihm desto leichter fallen, je stärker seine zivische Gesinnung ist. Die Ansprüche des Gemeinwesens an seine Bürger auf bloße Loyalität zu begrenzen hieße, dem fatalen Satz Tertullians zuzustimmen: *Nobis nec ulla magis res aliena quam publica!* – Nichts ist uns fremder als der Staat! Das ist keinesfalls die aggressivste Parole der Desintegration, sondern nur ihre schönste: Nicht ein Doppelwesen solle der Christ sein, nicht im politischen Raum mit anderen interagieren; vielmehr solle er ein eindimensionaler Gläubiger sein, der sich in seiner religiösen Parallelgesellschaft bewegt, ohne berührt zu werden von den Wechselfällen des Imperiums oder der eigenen Stadt. Der bloße »Einwohner« braucht nur den Gesetzen zu gehorchen; er nimmt diese als Diktate einer fremden Macht wahr, der er sich nicht zugehörig fühlt, ja die ihm die *res maxima aliena* ist.

Die partikularen religiösen Interessen zurückzustellen zugunsten der Eintracht aller Bürger ist eine Zerreißprobe. Sie wurde allzuhäufig nicht bestanden. Doch wir erblicken auch bewundernswürdige Exempla für den Triumph zivischer Gesinnung, gerade in einer finsteren Ära des lateinischen Westens, nämlich während der Religionskriege in Frankreich. Nachdem die Feindseligkeiten zwischen Katholiken und Protestanten ausgebrochen waren, kam es in einer Reihe von französischen Städten um 1567 zu *pactes d'amitiés*: Die Bürger der Stadt versammelten sich, um einander eidlich zu versprechen, den andersgläubigen Mitbürger nicht als Feind, sondern als Freund zu betrachten.[10] Hier manifestierte sich eine beachtliche »republikanische« Kraft von Bürgerschaften, die sich nicht spalten und in bewaffnete Konfrontation treiben lassen wollten. Sie erfanden für ihren Willen zur Eintracht eine genuin zivische Form, indem sie sich erneut als Schwurgemeinschaft konstituierten.[11] Als eindimensionale Angehörige ihrer Religionsgemeinschaft wären diese Menschen dazu niemals imstande gewesen. Nur weil sie sich als Doppelwesen benahmen, erfaßten sie die Not und das Gebot des Augenblicks, in dem sie entscheiden mußten, welche ihrer beiden Identitäten die maßgebliche, welche Loyalität die stärkere sein sollte; und darum bekannten sie sich feierlich zur Autonomie des politischen Raumes und zur Suprematie

10 Christin, 1996, S. 122–134.
11 Dazu u.a. Oexle, 1996a, S. 75–97.

ihrer zivischen Identität. In einer der dunkelsten Stunden Europas schritten sie zur Neugründung des republikanischen Gemeinwesens.

Antirepublikanische Gedächtnispolitik

Ein Gerede geht um in Deutschland – das Gerede von »unserer jüdisch-christlichen Kultur«. Mit dem Schlagwort entflammt ein schon lange schwelender Diskurs. Dieser leistet nichts Geringeres als die Umgründung Europas auf die monotheistischen Religionen. Sollte der Diskurs zur Hegemonie gelangen, dann werden die nächsten Generationen teuer zu zahlen haben. Denn der Rückfall in die monotheistische Barbarei und ihre Religionskriege ist vorprogrammiert.

Wie konnte dieses Schlagwort wider alles Bildungswissen aufkommen? Und wieso konnte es sich im medialen Resonanzraum vervielfachen? Die »christlich-jüdische Kultur« ist ein Kampfbegriff. Er ist frontal gerichtet gegen die Aufklärung. Dieses Wort führte Leo Schestow ins Feld, um den großen, verhaßten Feind niederzukämpfen, nämlich das mit den Mitteln der wissenschaftlichen Vernunft gewonnene Wissen und vor allem die auf Vernunft gegründete Philosophie. Der Gedankengang seines Buches »Athen und Jerusalem« lautet eigentlich »Jerusalem gegen Athen«. Es ist eine der hellsichtigsten Kampfschriften des vergangenen Jahrhunderts, die gipfelt in dem Schlachtruf: Nieder mit dem Wissen – es lebe der Glaube: »Das Wissen befreit den Menschen nicht, sondern verknechtet ihn!« Es geht Schestow um die Liquidierung des griechischen Vermächtnisses in der westlichen Kultur. Die geschwätzige Ahnungslosigkeit unserer Politiker ist so harmlos nicht, denn es geht um die radikale Umwertung aller Werte.

Die gängige Meinung, es habe der Monotheismus eine besondere »Rationalisierung« in den von ihm erfaßten Kulturen bewirkt, ist ein Märchen, mit dem die Kulturanthropologie gründlich aufgeräumt hat. Wahr ist das Gegenteil: Die monotheistischen Religionen haben in höherem Maße zur »Irrationalisierung« des Wissens beigetragen als polytheistische. Republikanische Verfassungen, kodifiziertes Recht und die Wissenschaft als besondere Episteme entstanden außerhalb der monotheistischen Reichweite. Es waren vor allem monotheistische Fundamentalismen, die ruckartig oder allmählich den wissenschaftlichen Geist austrieben, so daß er erst nach Jahrhunderten und unter gewandelten Bedingungen zurückkehren konnte.

Wissenschaften im strengen Sinne hat einzig und allein die griechische Kultur originär hervorgebracht. Wir reden von Wissenschaft im strengen Sinne, nicht von »Rationalisierung«. Ohne Rationalisierungen ist überhaupt keine menschliche Kultur denkbar, wie Lévi-Strauss aufgewiesen hat: Jede Kultur muß ihre Verwandtschaftsbeziehungen, ihre Heiratsregeln, ihre Tauschmodalitäten, ihre Techniken, ihre Mythen und ihre Symbolsysteme rationalisieren. Wissenschaft ist eine spezifische und außerordentlich voraussetzungsreiche Form von Rationalisierung, eine besondere epistemische Weise. Sie ist historisch entstanden; und als historisches Produkt ist sie an zeitliche Bedingungen gebunden. Sie kann verschwinden, wenn diese Bedingungen abhanden kommen, etwa durch kulturellen Wandel. Andere Kulturen haben erstaunliche Wissensbestände angehäuft, doch zur Wissenschaft sind sie nicht gelangt. Das ist unbestritten. Es geht um eine Bruchlinie, die zwischen der Wissenschaft und allen anderen Formen von Wissen verläuft; und diese Bruchlinie trennt die griechische Kultur, partiell auch Teile der indischen, von anderen. Wer das ignoriert, fördert nicht allein die stets drohende kulturelle Amnesie; er verleugnet auch jene Fundamente, denen unsere Epoche verdankt, worauf sie so stolz sein darf. Wenn es schon keinen moralischen Fortschritt gibt, wie wollte man den wissenschaftlichen leugnen?

Der eliminatorische Antihellenismus von Leo Schestow war ein Versuch, auf die Selbstdestruktion der Aufklärung durch Nietzsche zu antworten. Hellseherisch hatte Jacob Burckhardt diese Schwelle bestimmt: Der Tag, an dem die Europäer sich lossagen von der griechischen Kultur, wird den Anbruch der Barbarei bringen. Wir müssen wissen, was wir tun, wenn wir widerspruchslos mitanhören, wie Europa umgegründet wird auf die Religion.

Darum ist der Angriff islamischer Verbände auf das europäische Geschichtsbild ein gezielt tödlicher. Als der ehemalige Bundespräsident Wulff betonte, der Islam gehöre zu Deutschland, und dafür in die Kritik geraten war, hätte die treffliche Antwort von Cem Özdemir völlig gereicht: Ein Islam, der unter dem Grundgesetz gelebt wird, gehört selbstverständlich zu Deutschland. Damit ist die umstrittene Aussage mit jener Bedeutung versehen, auf die es letztlich ankommt. Doch einer ganzen Riege von Funktionären der Islamverbände genügte das keinesfalls. Sie beharrten darauf, daß der Islam auch historisch zu Europa gehöre, weil er Europa geprägt habe. Damit veränderte sich der Charakter der Diskussion prinzipiell; es wurde eine Frage nach der europäischen Erinnerungskultur, genauer: eine Frage nach der historischen Wahrheit, die diese Erinnerungskultur legitimiert. Dabei ging es just um jene europäische Identität, ohne die eine Integration in Europa gar keine sein kann.

In demselben Zusammenhang sagte Bundespräsident Gauck, er habe Verständnis für die Frage: »Wo hat denn der Islam dieses Europa geprägt, hat er die Aufklärung erlebt, gar eine Reformation?« Dieses Verständnis überforderte eine ganze Reihe von Funktionären. Von dem Vorsitzenden des Zentralrats der Muslime, Aiman Mazyek, hörte man: »Das europäische Abendland steht ganz klar auch auf muslimisch-morgenländischen Beinen. Wer das leugnet, betreibt Geschichtsfälschung.« Und Kenan

Kolat, der Vorsitzende der Türkischen Gemeinde in Deutschland, belehrte uns: »Ich empfehle Herrn Gauck einen Blick in die Geschichtsbücher: Der Islam gehört zur Geschichte Europas und Deutschlands (...) In den Debatten der Historiker besteht daran überhaupt kein Zweifel.« Diese Debatten kennt Herr Kolat offensichtlich nicht.

Gedächtnispolitik schert sich nicht um historische Wahrheit. Und Verbände, deren erklärtes Ziel es ist, Parallelgesellschaften zu etablieren und zu verstärken, pflegen notwendigerweise ein kulturelles Gedächtnis, das ohne Wahrheit auskommt. Allerdings geht es den islamistischen Verbänden um nichts weniger als darum, die Errungenschaften der europäischen Kultur zu beschlagnahmen. Gelingt das, dann haben sie auch die Deutungshoheit über diese Errungenschaften. In einer Gesellschaft, die sich zur sozialen Agglomeration von Parallelgesellschaften umwandelt, behält – unter ansonsten gleichen Bedingungen – diejenige Ethnie oder Religionsgemeinschaft die Oberhand, die am stärksten an ihrem kulturellem Gedächtnis festhält und der es gelingt, ihr Bild von der Vergangenheit als hegemoniales durchzusetzen, und sei es historisch noch so verfälscht. Das Ziel der islamistischen Verbände ist klar, nämlich die Zukunft in Europa zu gewinnen, indem sie die europäische Vergangenheit erobern.

Vor allem drei Merkmale zeichnen die europäische Kultur aus. Erstens der Republikanismus: Die politischen Gemeinschaften sind gegründet auf die Partizipation der Bürger; diese nehmen mittels institutionalisierter Verfahren an den Entscheidungen und Beschlüssen teil. Zweitens der menschenrechtliche Universalismus: Ihm verdanken wir unter anderem die Abschaffung der Sklaverei. Drittens die Wissenschaftlichkeit: Alle Fragen nach »richtig« oder »falsch«, die nicht moralischer oder religiöser Art sind, sind zu beantworten im Medium des wissenschaftlichen Forschens. Von diesen Besonderheiten stammen die erste und die dritte aus der griechischen Antike, die zweite ist im christlich-evangelikalen Kontext entstanden. Das Beschwören »unserer jüdisch-christlichen Kultur« bezeugt darum eine ähnliche Ignoranz wie die Behauptung von Herrn Mazyek, Europa stehe auch auf islamisch-morgenländischen Beinen. Denn was dem islamischen Kulturraum knappe 500 Jahre lang einen Vorsprung vor dem europäischen verschaffte – seine Überlegenheit in Wissenschaft und Technik – entstammt der hellenistischen Kultur. Hellenistische Wissenschaft und Technologie gediehen über ein halbes Jahrtausend auf einer bewundernswürdigen Höhe. Sie kollabierten am Ende des Imperium Romanum; ihre textlichen Grundlagen und exegetischen Praktiken wurden vor allem im Nahen und Mittleren Osten bewahrt. Den Gelehrten der persisch-arabischen Welt gebührt Ehre dafür, daß sie die griechische Philosophie, Mathematik, Astronomie, Geographie, Kartographie, Mechanik, Medizin und teilweise Technologie bewahrt und tradiert haben. Aber die Fortschritte, die das »islamische Morgenland« in einem halben Jahrtausend auf diesen Gebieten erzielte, nehmen sich bescheiden aus gegenüber dem gewaltigen wissenschaftlichen Kapital, das es aus dem Hellenismus erbte. Daß es dem Perser Al-Biruni am Anfang des 11. Jahrhunderts gelang, den Erdradius so verblüffend genau zu errechnen, verdankte sich einer meisterlichen Handhabung derjenigen sphärischen Trigonometrie, welche der Hellenismus entwickelt hatte. Al-Biruni hatte vor sich nicht bloß die ungenauen Berechnungen von Ptolemaios und Marinos, sondern die phantastisch genaue des Eratosthenes. Auf Ausstellungen zur islamischen Kultur verschweigen die wissenschaftlich Verantwortlichen regelmäßig die hellenischen Grundlagen. Da die akademische Ignoranz sich ausbreitet, nimmt es nicht Wunder, daß jüngere Historiker inzwischen erzählen, das Astrolabium sei eine arabische Erfindung. Keine Spur eines Wissens davon, daß Ptolemaios das Planisphärium erwähnt und Theon von Alexandria sowie Johannes Philoponos es beschreiben. Wenn niemand mehr etwas weiß, kann jeder alles behaupten.

Und wie steht es um die großartige republikanische und demokratische Tradition der Griechen? Sie fand in der islamischen Kultur überhaupt keine Fortsetzung. Die Rückkehr jener kläglichen Überreste an Manuskripten und Übersetzungen in den Westen versetzte dem lateinischen Europa den enormen Schub, der uns wie eine anschwellende Woge weiterträgt. Das wissenschaftliche Denken ist griechisch; und es wird so lange griechisch bleiben, wie auf diesem Planeten Wissenschaft betrieben wird.

Vergessen wir nicht, daß die Religionen nicht unschuldig waren an der Zerstörung des antiken Gemeinwesens. Die Erlösungsreligionen entpolitisierten vom 3. Jahrhundert n. Chr. an die antiken Städte zusätzlich. Insbesondere die monotheistischen Religionen der Spätantike entwerteten den Bürgerbegriff und den Bürgerstatus. Sie erzwangen Sonderrechte für Segmente der Bürgerschaft; die Juden in Alexandria boten für diese Entwicklung ein bedenkliches Beispiel. Sonderrechte unterhöhlten die städtische Autonomie, denn sie entzogen einen Teil der Einwohnerschaft der Gerichtsbarkeit und den Rechtsregeln der Bürgergemeinde. Sie transformierten die zivische Kultur der Städte zu Agglomerationen von Gruppen divergierender Lebensstile. Ein freiheitliches Gemeinwesen verträgt sich schlecht mit Religionen, die selber als politische Einheiten auftreten. Hören wir dazu die unverdächtige Stimme von Ernst-Wolfgang Böckenförde: »Vom Staat her gedacht, braucht die freiheitliche Ordnung ein verbindendes Ethos, eine Art ›Gemeinsinn‹ bei denen, die in diesem Staat leben. Die Frage ist dann: Woraus speist sich dieses Ethos, das vom Staat weder erzwungen noch hoheitlich durchgesetzt werden kann? Man kann sagen: zunächst von der gelebten Kultur. Aber was sind die Faktoren und Elemente dieser Kultur? Da sind wir dann in der Tat bei Quellen wie Christentum, Aufklärung und Humanismus. Aber nicht automatisch bei jeder Religion.« (in: »Frankfurter Rundschau« vom 2. November 2010)

Aufklärung und Humanismus begrenzen den Glauben, um das Wissen aufzuwerten. Sie stellen eine Vernunft ins Zentrum, deren methodische und systematische Formung fast rein griechisch ist. Die moderne europäische Kultur ist eine republikanische. Als solche hat sie sich gespeist aus dem Kommunalismus sich selbst organisierender kleiner oder größerer Gemeinden. Diese auf Bürgerfreiheit beruhende Kultur hatte so gut wie keine Wurzeln im Judentum und nur schwache im Christentum, mit der klassischen Antike hingegen verbinden sie mächtige Rezeptionsstränge. Sie konnte nur aufblühen, weil es gelang, die Geltungsansprüche monotheistischer Religionen zurückzudrängen. Gerade dort, wo unsere Kultur nicht christlich und nicht jüdisch ist, kann sie republikanisch und wissenschaftlich sein. Und eben dort kommt die enorme Bedeutung der Antike zum Vorschein.

Zerbröselnde Souveränität und Libanisierung der Bundesrepublik

Der Landesvorsitzende der Polizeigewerkschaft in Nordrhein-Westfalen, Erich Rettinghaus, hat im Juli 2010 vorgeschlagen, in deutschen Problemvierteln Polizisten aus der Türkei mit auf Streife zu schicken. Die türkischen Polizisten sollten in ihren eigenen Uniformen in Deutschland patrouillieren, allerdings – so betonte Rettinghaus ausdrücklich – sollten sie keine Dienstwaffe bei sich tragen. Einen möglichen Feldversuch sollten Wissenschaftler begleiten. Die »Süddeutsche Zeitung« kommentierte diese Initiative mit dem Lob »Mal was Neues wagen«. Rettinghaus verwahrte sich dagegen, in der Initiative eine »Kapitulation« der deutschen Polizei zu sehen, die sich den Konflikten mit Immigranten nicht mehr gewachsen sehe. Indes, das Abstreiten hilft nicht. Denn diese türkischen Polizisten sollen in jenen Vierteln zum Einsatz kommen, wo die Parallelgesellschaft so hegemonial geworden ist, daß die deutsche Polizei de facto rechtsfreie Räume dulden muß. Falls die Polizei überhaupt noch wagt, sich in diesen Zonen zu bewegen, muß sie damit rechnen, daß Polizisten mindestens angepöbelt, beleidigt, bespuckt oder gar tätlich angegriffen werden. Mit der besagten Initiative gestände die Bundesrepublik Deutschland ein, daß sie entweder die rechtsfreien Räume aufgeben oder aber in ihnen die Autorität delegieren muß an die Ordnungskräfte einer fremden Nation. Wer die Autorität auf einem bestimmten Territorium verliert, dem entgleiten unvermeidlich und schnell auch die hoheitlichen Rechte. Und wer vor Ort die Autorität ausübt, der gewinnt oder beansprucht in kürzester Zeit hoheitliche Rechte. Werden deutsche Staatsbürger mit Migrationshintergrund der

Hoheit einer fremden Macht unterstellt, verwandeln sich die No-Go-Areas in koloniale Enklaven. Die Zerlegung der freier Bürgergesellschaft in Parallelgesellschaften mündet in die Transformierung deutscher Regionen zu türkischen Protektoraten.

Ebendies hatten Erdogan und andere schon lange angekündigt. Die Eroberung Europas ist nicht nur ein langgehegter Traum, sondern ein offiziös mehrmals offenherzig ausgesprochenes Ziel. Der ehemalige Vorsitzende der islamischen Gemeinschaft Milli Görüş, Mehmet Sabri Erbakan, sagte gemäß dem bayerischen Verfassungsschutzbericht 2001: »Die Europäer glauben, daß die Muslime nur zum Geldverdienen nach Europa gekommen sind. Aber Allah hat einen anderen Plan.« Daher ist die ostentative Verachtung der nationalen europäischen Symbole von besonderer Signifikanz. Als am 15. Oktober 2008 französische Jugendliche arabischer Herkunft im Stade de France die Marseillaise niederpfiffen, waren selbst linke Zeitungen erschreckt; diese Eruption von Feindseligkeit von Franzosen gegen Frankreich löste Debatten aus. Anders in Deutschland. Vor Beginn des Spieles Deutschland–Türkei am 8. Oktober 2010 im Berliner Olympiastadion übertönte die große Mehrheit der Zuschauer – türkischstämmige Deutsche, die türkische Fahnen schwenkten – mit Pfiffen und Gebuhe die deutsche Nationalhymne. Politiker duckten sich weg, und die linientreuen Medien schwiegen über den skandalösen Vorfall beharrlich. Diese Ereignisse machen wie nächtliches Wetterleuchten den wirklichen Zustand der Desintegration sichtbar, und sie lassen keinen Zweifel darüber, was es heißt, wenn in manchen Stadtteilen Berlins Jugendliche orientalischer Herkunft anläßlich von Fußball-Events die schwarz-rot-goldene Fahne aufziehen, allerdings versehen mit einem markanten Dekor: Auf dem roten Grund ist der weiße Halbmond eingelassen; die deutsche Fahne ist also eine türkische, garniert mit einem schwarzen und einem goldenen Streifen, die irgendwann als lästige Zutat wegfallen können.

Die hartnäckige Forderung, es müsse im öffentlichen Dienst eine Quote für Migranten eingerichtet werden, zeugt von sträflicher Ignoranz. Denn solange die Zuwanderer Migranten bleiben, werden sie keine Bürger. Eine Quote für Migranten hieße, die rechtliche Gleichheit aller Bürger aufzuheben, um jene dafür zu belohnen, daß sie Migranten bleiben und nicht zu Bürgern werden. Die Folgen einer solchen Unwilligkeit zur Integration für die Republik wären desaströs: Ihre Behörden – Administration, Polizei und Militär – müßten sich entlang ethnischer und religiöser Trennlinien spalten; die Exekutive im weitesten Sinne unterstünde nicht mehr einem einheitlichen demokratisch gebildeten Willen. Die staatliche Handlungsfähigkeit würde sich derjenigen des Libanon annähern.

Zurück zu jenem Vorschlag des Polizeigewerkschaftlers. Anstatt Enklaven entstehen zu lassen, in denen der türkische Staat allmählich seine Hohheit ausüben wird, bietet sich eine näherliegende Option an. Warum nicht die deutschen Polizisten begleiten lassen von islamischen Geistlichen? Jene Bewohner der Parallelgesellschaft, die nicht bereit sind, sich der Hoheit eines nichtislamischen Staates zu fügen, werden sehr wahrscheinlich die religiöse Autorität eines Imam respektieren. Dieser könnte seine Glaubensbrüder dazu bringen, polizeiliche Anweisungen zu befolgen. Freilich werden diese Menschen nur dann und nur soweit Folge leisten, wie ihre spirituellen Führer es ihnen empfehlen. Sie stünden damit in keinem staatsbürgerlichen Verhältnis zur Republik, in der sie leben. Die Bundesrepublik würde damit die offizielle Anerkennung von islamischen Zonen auf ihrem Territorium einleiten; und sie könnte danach getrost den logisch folgenden Schritt tun, nämlich ihre Polizei aus diesen Zonen ganz zurückziehen. An ihrer Stelle würden Scharia-Wächter patrouillieren und für eine Ordnung spezifischer Art sorgen.

Längst nutzt der politische Islam die multikulturalistische Chance, einen Staat im Staat zu bilden. Die »Islamische Charta« des Zentralrats der Muslime von 2002 betrachtet jeden Moslem in der Bundesrepublik – egal ob deutscher Bürger oder Ausländer – als einen Vertragspartner mit dem deutschen Staat. Im Artikel 10 lesen wir: »Das Islamische Recht verpflichtet Muslime in der Diaspora, sich grundsätzlich an die lokale Rechtsordnung zu halten. In diesem Sinne gelten Visumserteilung, Aufenthaltsgenehmigung und Einbürgerung als Verträge, die von der muslimischen Minderheit einzuhalten sind.«

In demokratischen Staaten bedeutet, Bürger zu sein, daß man sich politisch seinem Staat zugehörig fühlt. Man hält sich an die Gesetze, weil man Bürger ist, nicht weil ein religiöses Gebot einen dazu verpflichtet. Die Muslime befinden sich jedoch laut Artikel 10 in einem Vertragsverhältnis zum weltlichen Staat. Hier geht es nicht um den Gesellschaftsvertrag der europäischen politischen Philosophie, in dem sich ein Volk konstituiert. Hier geht es um einen Vertrag mit einem fremden Gemeinwesen. Muslime befinden sich somit in einem Vertragsverhältnis zum demokratischen Staat, den sie aus Prinzip nicht als den ihrigen anerkennen. Für den Zentralrat der Muslime gibt es demnach keine moslemischen Staatsbürger, sondern Muslime, die in einem fremd bleibenden Staat eine Art Schutzvertrag einhalten. Sie können diesem Staat gegenüber niemals loyal sein; denn ihre Verpflichtungen werden ihnen von der Scharia vorgeschrieben. Die Loyalität der Muslime gehört nach diesem Text dem islamischen Recht. Scharia-Muslimen ist es verwehrt, auf dem Boden der Verfassung zu stehen. Offen ausgesprochen hat das einer der prominentesten muslimischen Sprecher in Deutschland, nämlich Murad Hofmann. Er sagte in einem Interview im August 2004: »Bei Muslimen spielt halt die göttliche Scharia diese begrenzende Verfassungsrolle.«

(islam.de, 30. August 2004) Die Scharia spielt also die Rolle einer Verfassung. Und als solche begrenzt sie die demokratischen Verfassungen der westlichen Staaten. Die Scharia würde diese Verfassungen zerstören, genauso wie das einst die faschistischen Programme getan haben.

Dieses Agieren des Scharia-Islam im »Haus des Vertrags« ist einerseits strenge islamische Politik, denn Scharia-Muslime sind niemals Bürger eines nichtislamischen Staates; anderseits ist es die optimale rechtliche Ausnutzung der Multikulti-Idee: Da der Scharia-Islam die Gläubigen als eine politische Gemeinschaft – also als eine Nation – versteht, werden die Beziehungen zwischen den Gemeinschaften mit Verträgen geregelt. Die Muslime machen sich damit selber zu einer Art Dhimmi in der Diaspora; es sind allerdings extrem privilegierte Dhimmi, denn sie genießen die staatsbürgerlichen Rechte in einem Gemeinwesen, dem sie sich nicht verpflichtet wissen. Der Vertrag ist das untrügliche Anzeichen, daß in einem Staat mehrere politische Gemeinschaften existieren. Diese Praxis löst die Demokratie auf, weil – wie im Libanon – in ihr Mehrheitsentscheidungen nicht mehr stattfinden können; es stehen sich politische Gemeinschaften gegenüber, die Staaten im Staat sind. Entscheidungsprozesse bestehen dann nur noch im »Aushandeln« von Verträgen zwischen den parastaatlichen Gemeinschaften. Sobald das nicht mehr funktioniert, beginnen die Kriege zwischen den Communities.

Am 7. Februar 2008 schlug der Erzbischof von Canterbury vor, der britische Staat solle es seinen muslimischen Bürgern zur Wahl stellen, ob sie nach englischem oder islamischem Recht behandelt werden wollen, Strafsachen ausgenommen. Vor dem Gesetz wären damit die Bürger ein und desselben Staates nicht mehr gleich, weil zweierlei Gesetz für das Staatsvolk gälte. Ein Sozialanthropologe der Universität Fribourg, Christian Giordano, hat jüngst in einem Artikel etwas Ähnliches gefordert. Denn es sei ein Irrtum anzunehmen, die Einwanderer vor allem aus dem islamischen Kulturkreis könnten oder wollten sich vollständig in die Schweizer Rechtsordnung integrieren: »Die kulturelle Distanz ist zu groß. Und so sehr sich diese Migranten auch assimilieren, es bleibt immer eine Differenz bestehen. Auch zu unserem Rechtssystem.«

In den beiden traditionsreichsten Ländern des Republikanismus wird also erwogen, das Staatsvolk in zwei – oder noch mehr – Rechtsgemeinschaften zu trennen und damit einen Staat im Staate entstehen zu lassen. Eine Koexistenz der Rechte kann es gar nicht geben, weil sich sofort bei der ersten Kollision beider Rechte die Frage stellen müsste: Welches Recht gilt nun? Wenn beide gleichrangig sind, entscheidet die Gewalt. Beide Staaten sind prinzipiell miteinander unvereinbar, denn der eine beruht auf der Partizipation der Bürger, der andere hingegen auf dem Gesetz Gottes. Eine solche Unvereinbarkeit mündet, das lehrt uns die Geschichte, in das gewaltsame Austragen der Differenzen.

Die religiöse Sortierung der Einwohner eines freiheitlich-demokratischen Landes heißt, sie zunehmend weniger als Bürger zu sehen und immer mehr als Mitglieder ihrer Religionsgemeinschaft. Genau das ist das Ziel der Scharia. Wenn der Generalsekretär des Zentralrats der Muslime in Deutschland, Aiman Mazyek, vor laufender Kamera und Millionen Zuschauern erklärt, Scharia und Grundgesetz seien miteinander vereinbar, dann sabotiert er nicht nur die mühsamen Versuche, gläubige Muslime in die politische Ordnung eines säkularen Staates zu integrieren, sondern er macht Propaganda für die islamistische Rechtsordnung. Solche Aussagen zielen auf die langfristige Machtübernahme, und sie verharmlosen kurzfristig das Wetterleuchten des heranziehenden Bürgerkrieges, den am 5. Juni 2011 in Bonn Islamofaschisten probten, als sie 29 Polizisten verwundeten. Der Zentralrat der Muslime in Deutschland sah sich genötigt, die Gewalt der Salafisten wie folgt zu kritisieren: »Wir verurteilen die Gewaltanwendung bei den Demonstrationen in aller Form und distanzieren uns ausdrücklich von gewaltbereiten Muslimen, die zur Selbstjustiz anstacheln und die Polizei angreifen« (Quelle: kath.net, 0.31 Uhr)

Die Worte sprechen für sich. Wer Selbstjustiz übt, nimmt sein Recht selber in die Hand. Darin tut er »unrecht«; doch eigentlich tut er es, weil er

Gerechtigkeit ausübt. Der Zentralrat der Muslime erklärt den blutigen Angriff auf die Ordnungskräfte der liberalen Demokratie zu einem ungerechtfertigten Akt, der Gerechtigkeit herstellen wollte. Die deutsche politische Klasse begrüßte diese »Verurteilung«, nicht nur aus Dummheit, sondern leider auch aus Feigheit.

Ein Ende der auf der Partizipation der Bürger beruhenden politischen Lebensform kündigt sich an. Die Scharia negiert die zivischen Gemeinwesen der europäischen Welt, den Bürgerbegriff radikal löschend, um die Einwohner gemäß ihren Religionen in lauter Parallelgesellschaften aufzusplittern. Da die Gelehrten des Scharia-Islam diese Unvereinbarkeit seit über 1000 Jahren betonen, fragt sich, was unsere Demokratie zu tun beabsichtigt, wenn Muslime sich auf die Religionsfreiheit berufen, um seelenruhig auf einen Gottesstaat hinzuarbeiten. Verträgt es die autonome Republik, wenn die Gesinnung einer entschlossenen Minderheit die republikanischen Fundamente zerstört?

Multikulturalistische Intellektuelle üben sich im Leugnen von Unvereinbarkeiten und im Schönreden von deren blutigen Folgen. Sie betreiben amnestische Barbarei: Wir vergessen, wer wir kulturell sind und wie wir historisch dazu geworden sind und vor allem wieviel dieses Gewordensein gekostet hat; Bürgerrechte, Verfassungen, Menschenrechte – nichts davon bekamen wir umsonst, für alles brachten die Generationen vor uns schmerzhafte Opfer.

In der Geschichte gibt es keinen garantierten »Besitz für immer«, denn sie vollzieht sich als unaufhörlicher kultureller Prozeß, was heißt: Unablässig müssen wir erwerben, was uns gehört; unentwegt müssen wir darum kämpfen, zu sein, was wir sind. Solche Kämpfe erfordern Mühe; und sie können verlorengehen. Will man sie nicht verloren geben, muß man den gefährlichsten Rechtsextremismus der Gegenwart bekämpfen, wo er sich zeigt.

Das Geheimnis der Erlösung heißt Erinnerung

Warum Europa?

KULTURELLE Erinnerung heißt nicht idealisieren. Ihre orientierende Funktion läuft zwar ständig Gefahr, das zu tun, insbesondere falls sie der Versuchung nicht widersteht, sich an Vorbildern von normativem Gehalt festzuhalten. Allzuschnell pinselt sie dann geschönte Bilder aus verklärten Vergangenheiten. Anders funktioniert die Orientierung, wenn sie sich unter der Aufsicht wissenschaftlicher Kritik betätigt. Denn Geschichtswissenschaft ist etwas anderes als kollektive Erinnerung. Sie dient nicht der Identität, sondern der Wahrheit; daher kollidiert sie zuverlässig mit der Gedächtnispolitik. Ihr kühler Blick wacht über die Gegenstände, auf die sich die Orientierung stützt, um sie mit Sinn und affirmativer Identitätsvergewisserung auszustatten, mit emotiven Gesten der Zugehörigkeit – über die Zeiten hinweg. An die wissenschaftliche Kandare genommen, ist unser kulturelles Gedächtnis sehr wohl imstande, relevante Merkmale in der Vergangenheit zur Sinnquelle für uns zu machen, zu Haltepunkten, die unsere Identität mitkonstituieren. Wissenschaftlich geregelte Rückbesinnung ist nicht einfach affirmatives Gedenken wie an den großen Feiertagen; sie hängt davon ab, in welchem Grade die Antworten auf Fragen gemäß methodischen Regeln gesucht werden. Die Fragen selber stellen sich beim nachdenklichen Haltmachen an den orientierungsrelevanten Landmarken der Vergangenheit. Was aber ist orientierungsrelevant? Welche Errungenschaften wir der Vergangenheit verdanken, bemisst sich danach, welche kulturellen Eigenschaften wir uns selber beilegen. Es geht um Besonderheit. Kulturelle Besonderheit ergibt sich aus der Differenz zu anderen Kulturen. Die Besonderheit der westlich-europäischen Kultur lässt sich ablesen an folgenden sechs Merkmalen:

1. Die europäische Kultur ist die einzige, die es dauerhaft ausgehalten hat, immer mehr Lebensgebiete einer wissenschaftlichen Wahrheit zu unterwerfen, die durch stetiges Forschen gewonnen und gesichert wird. Die islamische Kultur hat das nur kurze Zeit ertragen und nur so weit, wie ihre Eliten sich von den hellenistischen Wissenschaften helfen ließen. Die ostasiatischen Kulturen nähern sich in dieser Hinsicht zunehmend der westlichen an und sind in der Lage, sie zu überholen. Das spricht für die Universalität dieser Wissensform.

2. Sie ist die einzige, die trotz aller historischen Rückschläge eine vielfältige Autonomisierung des politischen Raumes vorangetrieben hat. In ihr entstanden immer neue Varianten der Partizipation von freien Bürgern an den kollektiven Entscheidungen.

Sie erfand die Idee der politischen Freiheit; und sie entwickelte dafür stabile und zuverlässige institutionalisierte Verfahren.

3. Sie ist die einzige, die in einer beispiellosen Anstrengung die Sklaverei – als die extreme Erniedrigung von Menschen – weltweit bekämpft hat, dabei die Menschenrechte formulierte und sich unaufhörlich abmüht, universale Regeln zu operationalisieren. Diesen Regeln liegt keine illusionäre Gleichheit der Kulturen zugrunde, sondern das im Römischen Recht verbürgte Axiom der natürlichen Gleichheit aller Menschen.

4. Sie ist die einzige, die beständig ihre eigene Selbstkritik betreibt. Seit der »Sachsenspiegel« als erstes Rechtsbuch der Welt die Sklaverei zum Unrecht stempelte und verstärkt, seitdem Bartolomé de las Casas die Sklaverei, sowohl die indianische als auch die afrikanische, als ein kollektives Verbrechen gegen die »Regeln der Menschenrechte« anprangerte,[1] ist die westliche Kultur dem Dauerdruck von kritisierenden Eliten ausgesetzt gewesen. Sämtliche andere Kulturen betreiben ihre Selbstkritik, indem sie sich messen an einer idealen Vergangenheit, vor der sie sich als dekadent definieren. Die westliche hingegen – das heißt ein Großteil ihrer intellektuellen Eliten – misst sich an universalen Maßstäben, die es zu erfüllen gilt.

---

1 Als erster spricht er von »Menschenrechten« – »reglas de los derechos humanos« (Obras Completas, Vol. X, S. 236).

5. Sie ist die einzige, die ihre »Schuld« anderen gegenüber eingesteht und obsessiv nach eigner Schuld sucht. Wenn in anderen Kulturen von kollektiver »Schuld« die Rede ist, dann fast ausschließlich im Sinne von Ungehorsam gegenüber Gott oder seinen Geboten. Dort begreifen die Eliten ihre eigenen Kollektive entweder als unschuldige Opfer oder als glorreiche Sieger. In Europa hingegen emergiert die Vorstellung, »Täter« zu sein und ein kulturübergreifendes »Unrecht« begangen zu haben. Diese Haltung dokumentiert sich spätestens in den spanischen Diskussionen über die Legitimität der Sklaverei. Bartolomé de Las Casas ist der erste prominente Vertreter solcher Selbstbezichtigung.

6. Sie ist die einzige, die ein »Allinteresse« entwickelt hat, ein weitreichendes Interesse an fremden Kulturen. Sämtliche andere Kulturen zeigten eine bemerkenswerte Gleichgültigkeit gegenüber Anderem und Fremdem. Diese systematische Neugier für das Andere und das Fremde ist, wie Jacob Burckhardt betonte, eine kulturelle Errungenschaft. Von Herodot bis zur modernen Ethnologie spannt sich ein intellektueller Bogen, der sich nur hier findet. Lévi-Strauss hat darum die westliche Kultur unter eine Pflicht von globalem Ausmaß gestellt: Ihr obliege es, die Hinterlassenschaft oder die Überreste jedweder noch erreichbaren Kultur in Museen zu retten, damit so viele kulturelle Formen wie nur möglich eingehen können in ein gemeinsames Erbe der Menschheit. Das zu tun traut der große Anthro-

pologe, dem Ethnozentrismus am allerwenigsten nachgesagt werden kann, zunächst nur der westlichen Kultur zu.

Alle menschliche Kultur enthält universalisierbare Momente, und seien sie noch so winzig. Das Universale an Kulturen lässt sich überführen in eine universale Kultur. Manche Kulturen vermögen sich im Laufe ihrer unablässigen Transformationen weit mehr zu »universalisieren« als andere. Die europäische ist ohne Zweifel dabei die radikalste. Auch deswegen sind jene sechs Sachverhalte entscheidend für unsere Identität, insofern diese eine europäische ist.

Europäische Identität. Eintreten in die gemeinsame Geschichte

Historische Bewußtwerdung heißt gewahren, wie hoch der Preis war, daß wir so leben, wie wir es tun, und wie nahe die Gefahr lauert, alles wieder zu verlieren. Die Dinge gewinnen ihren Wert, wenn man sich ihren Preis vor Augen führt. Daher wird jede Errungenschaft begleitet von ihren Helden. Und daher enthält alles wirksame kollektive Erinnern das Gedenken an deren Opfer. An diesem Sachverhalt hängt jegliche Integration. Denn Integration verlangt, daß der sich Integrierende seine Identität neu bestimmt; dabei ist es zunächst gleichgültig, ob er von »außen« kommt oder ob er durch den Wechsel der Generationen »nachrückt«; in beiden Fällen tritt er in eine Wertegemeinschaft ein. Erfolgt dieser Eintritt nicht, dann vollzieht sich keine Integration.

Zweifelsohne wirkt die offizielle Memorialkultur der Bundesrepublik einer Integration von Menschen aus fremden Kulturkreisen entgegen. Seit über drei Jahrzehnten unterliegt sie der semantischen Zentripetalität der Shoah. Sie hat immer wieder Reaktionen provoziert, gelegentlich bedenklicher Art. Eine ganze Reihe neonazistischer Zuckungen gehört dazu. Diese Memorialkultur erzeugt unablässig Schuldgefühle, die man als »Haftung« zu euphemisieren pflegt. Was aber, wenn die Kinder und die Enkel von Tätern sich aus der vielzitierten Haftung entlassen – mit einer simplen Auswanderung? Es war daher immer unredlich, diese Haftung zu beschwören; und eine über Jahrzehnte geübte Unredlichkeit färbt sich zur Verlogenheit. Die deutsche Memorialkultur ist zweifelsohne autodestruktiv; und das wurde früh ausgesprochen. Womit aber kein politisch korrekter Memorialpolitiker gerechnet hatte, war, daß Deutsche auf die Haftung pfeifen, indem sie sich aus der europäischen Geschichte verabschieden.

Die Deutschen, die zum Islam konvertieren, haben dafür unterschiedlichste Gründe. Ganz sicher ist der Hauptgrund der, Sinn und Halt zu finden inmitten einer medial abgestumpften Gesellschaft. Mit der Konversion erreichen sie beides. Aber sie erlangen noch mehr. Indem sie diese religiöse Identität annehmen, treten sie in eine ganz andere Vergangenheit ein. Ihr Geschichtsbild hat nichts mehr zu tun mit der Französischen oder Amerikanischen Revolution, nichts mehr mit den Ideen der Aufklärung, nichts mehr mit der antiken politischen Freiheit, mit Republik oder Demokratie. Für sie werden andere Landmarken der historischen Erinnerung wichtig: wie der Prophet den Koran erhielt, wie er nach Medina floh, welche maßgeblichen Gesetze die Scharia ausmachen, ferner die Ausbreitung der Umma, die großen Eroberungen der Araber und der Türken, die Gegenoffensive der Ungläubigen, das gewaltige Comeback des Islam. Es sind imponierende Erzählungen – voller Siege, voller Helden und voller ruhmreicher Namen. Erzählungen, die mit den europäischen Narrativen entweder nichts zu tun haben oder ihnen feindlich gegenüberstehen. Die konvertierten Deutschen haben die europäische Kultur verlassen, obschon sie weiterhin Deutsch sprechen, in deutschen Städten wohnen und sich in Deutschland heimisch fühlen. Für sie ist Deutschland ein zukünftiger Teil der Umma, der aus seiner europäischen Vergangenheit herauszulösen ist. Alle diese Deutschen sind mit einem Schlag die Schoah los; für sie ist die NS-Zeit so irrelevant wie die Osterinsel. Sie überlassen den Ungläubigen deren Schuldversessenheit; und im Stolz eines neugewonnenen Selbstverständnisses fühlen sie sich dazu berechtigt, jene zu verachten, und üben diese Verachtung offenherzig. Daß eine Memorialkultur, die zentriert ist auf zwölf Jahre NS-Zeit und die NS-Verbrechen, langfristig moralisch nicht zu verkraften ist, stand denjenigen, die genügend nachdachten, immer vor Augen. Und was moralisch nicht verkraftet werden kann, zerstört die moralische Substanz, sei es die des einzelnen oder die ganzer Kollektive. Die Flucht heraus aus der europäischen Geschichte ist eine begreifliche Reaktion. Die öffentlich gepflegten Diskurse über Integration und Transkulturalität weichen diesem kulturellen Sachverhalt hartnäckig aus.

Integration heißt bisherige Werte ablegen und andere übernehmen. Dies wird allerdings kaum gelingen, wenn diese Werte nicht verbunden werden mit einem Narrativ. Es bedarf einer historischen Erzählung, und wäre sie noch so rudimentär. Der Exodus aus Ägypten, der Rütli-Schwur, der Sturm auf die Bastille, die Unabhängigkeitserklärung, die Siege bei Salamis und im Teutoburger Wald sind solche Narrative. Deswegen klingt das Schlagwort vom »Verfassungspatriotismus« nach Blech: Einem solchen Patriotismus gebricht es an Erzählung und an Helden. Ob solche Narrative historisch wahr sind oder nicht, spielt für ihre fundierende Funktion keine Rolle. In eine Wertegemeinschaft eintreten heißt sich die Geschichte dieser Gemeinschaft zu eigen machen. Diese wird zur eigenen Geschichte. Denn orientierende Geschichte ist jener Teil der Vergangenheit, der für die Vergewisserung einer kollektiven Identität unverzichtbar ist. Wenn die europäischen Nationen zu einer supranationalen Gemeinschaft werden wollen, entkommen sie nicht dem Gebot, ihre Zusammengehörigkeit in einer neuen gemeinsamen Vergangenheit zu verankern.

Rufen wir uns an dieser Stelle noch einmal Ernst-Wolfgang Böckenfördes Formulierung aus dem Jahr 2005 in Erinnerung: »Nicht zuletzt gehört dazu zumindest in Umrissen auch ein gemeinsames Geschichtsbild als Anker solcher Gemeinsamkeit.« Man kann diesen Punkt nicht stark genug betonen. Denn ohne eine gemeinsame Geschichte gibt es keine gemeinsame Zukunft. Diese Auffassung von Geschichte ist das radikale Gegenteil von Genealogie und Gemeinschaft im Blute. Eintreten in eine gemeinsame europäische Geschichte heißt die eigene nationale Geschichte depotenzieren, ihre Bedeutung abschwächen. Als John Stuart Mill 1846 die »History of Greece« von G. Grote besprach, eröffnete er die Rezension mit den berühmten Worten: »The battle of Marathon, even as an event in English history, is more important than the battle of Hastings. If the issue of that day had been different, the Britons and the Saxons might still have been wandering in the woods.« (Collected Works XI)

Stuart Mill zögerte nicht, den Sieg der Athener über die Perser 490 v.Chr. für ein »Ereignis der englischen Geschichte« zu nehmen. Und als ein solches übertrifft seine Bedeutung diejenige von Hastings: Denn für den Republikaner, den der Liberale gelegentlich in sich entdeckte, bestand kein Zweifel: Jenes freiheitliche Gemeinwesen, das damals seine Existenz verteidigte und seine Ideen weiterreichte, stand geistig Pate, als die englische Freiheit zu ihrem Namen fand. Mills These ist von höchster kulturgeschichtlicher Bedeutung, und das in zweierlei Hinsicht. Zum einen nötigt sie dazu, eine Entscheidung zu treffen, welches Verständnis von Nation man teilt. Wer die Nation für einen Gedanken Gottes hält und über der Nation keine historische Entität mehr gelten läßt, muß Mills Ausspruch zurückweisen. Wer die Nation für eine Abstammungsgemeinschaft hält, hat Mühe, ihn überhaupt zu verstehen. Wer die Nation für eine Konsensgemeinschaft hält, sich verjüngend in einem täglichen Plebiszit, kann dem liberalen Denker nicht widersprechen. Zum anderen gehört Marathon allen Nationen der Welt, die sich einreihen in die republikanische Prozession hin zur politisch befreiten Menschheit.

Doch wie kann ein Ereignis, das allen anderen Nationen gleichermaßen zur referentiellen Verfügung steht, für England wichtiger sein als jene Schlacht, mit der die Konstituierung der partikularen englischen Nation einsetzte? Das ist nur denkbar, falls man zugleich annimmt, daß der Zweck des nationalen Schicksals außerhalb der englischen Nation selber liegt. Wer also die Nationen als besondere kulturelle Bruchstücke ansieht, die sich aus ihrer politischen Vereinzelung herausarbeiten können, falls sie es wollen, wird Mill stürmisch zustimmen. Wenn Deutschland sich nach 1945 wieder stärker in die westliche Kultur reintegriert hat, dann heißt das auch, daß die Deutschen ihre Geschichte nicht mehr dort beginnen und verlaufen lassen, wo sie es bisher taten. Wenn für einen deutschen Europäer die deutsche Geschichte dort beginnt, wo Europa beginnt, dann ist die Frage nach diesem Beginn mehr als bloß eine ursprungsmythische. Christian Meier hat den Start der europäischen Kultur in die Seeschlacht bei Salamis gelegt. Dafür hat er gute Gründe. In dem Maße, wie ein deutscher Historiker sich als Europäer fühlt und begreift, sind für ihn jene Ausschnitte der Geschichte am bedeutsamsten, die für die europäische Geschichte höchste Bedeutsamkeit besitzen. Und Europa darf billigerweise dort »beginnen«, wo Republikanismus und wissenschaftliches Denken ihren Ursprung haben. Es ist in diesem Sinne nicht abwegig, sondern folgerichtig, die deutsche Geschichte etwa bei der athenischen Demokratie beginnen zu lassen. Diese Ansicht ist leider nicht mehr so selbstverständlich, wie sie es für Stuart Mill noch war. Ihr wurde kürzlich sogar vorgeworfen, »nationalistisch« zu sein und »hellenische Übermenschen« zu beschwören.[2] Der Arbeiterbewegungshistoriker H.A. Winkler nannte

2 M. Brumlik, Hellenische Übermenschen, in: Die Tageszeitung, 15. Juli 2011; H.A. Winkler, Hellas statt Holocaust, in: Die Zeit, 23. Juli 2011.

sie gar »deutschnationale Geschichtsapologie«. Im Vorwurf spricht sich nicht nur ein völkisches Verständnis von Nation aus, sondern eine makabre geistige Begrenztheit.

Unsere Griechen – fremd trotz Demokratie

Für gebildete Europäer ist es gar keine Frage: Die Rückbesinnung auf die Antike gewinnt in dem Maße an Bedeutung, wie wir die eigene Geschichte aus ihrer nationalen Borniertheit herauslösen, um sie in einen europäischen Zusammenhang einzufügen, nicht allein in pädagogischer, sondern auch in wissenschaftlicher Hinsicht.

Wenn nun historische Orientierung unerläßlich ist, wieso braucht es dazu unbedingt die Griechen? Heißt das nicht jene Verklärung perpetuieren, die wir der deutschen Klassik vorzuhalten pflegen? Seltsamerweise bezichtigt jede Generation von Altertumswissenschaftlern ihre Vorgänger, diese hätten die Griechen »verklärt«; und jede will dagegen ein »neues und kritisches Bild« jener Kultur setzen. Dieses Spiel geht so seit etwa 150 Jahren – von Jacob Burckhardt über Nietzsche und Wilamowitz und dann den »Dritten Humanismus« bis hin zu den Cambridge Ritualists und zur Pariser Schule. Dieses Phänomen ist sonderbar. Denn man käme kaum auf die Idee, man müsse endlich damit aufhören, die Römer zu verklären oder die Israeliten oder die

Germanen oder die Araber. Etwas ist also anders beim Umgang mit der griechischen Kultur. Sehen wir weiter und bleiben bei der Frage: »Wieso also die Griechen?« Eine naheliegende Antwort lautet: weil die griechische Kultur die Mutter der Demokratie ist. Goethe und Burckhardt freilich hätten die Frage anders beantwortet. Bleiben wir dennoch bei der obigen Antwort. Sie bedeutet mehr, als uns unmittelbar bewußt ist. Denn lange Zeit glaubte man der Erzählung vom Ende der griechischen Demokratie: Es sei in der Epoche nach 338 v. Chr. zum Niedergang der Polis gekommen, und die Demokratie sei verschwunden. So liest man es noch in manchen Schulbüchern. Doch die archäologischen und epigraphischen Forschungen der letzten 40 Jahre haben diese Erzählung dementiert:[3] Die direkte Demokratie setzte sich gegen aristokratische Regime durch und breitete sich im 3. Jahrhundert v. Chr. über die gesamte griechische Welt aus; sie wurde zur weit überwiegenden Form städtischer Organisation. Die hellenistische Kultur dehnte sich weit über Kleinasien in den syrisch-palästinischen Raum aus, nach Ägypten, in den Irak, in den Iran und bis ins ferne Afghanistan, wo Archäologen griechische Theater ausgegraben haben. In rasantem Tempo vervielfachten sich Städte, die dem Polis-Typ folgten; und mit der Polis-Kultur verbreiteten sich Idee

3 Siehe: Fröhlich/Müller, 2005; Couvenhes/Legras, 2006; Weber, 2007.

und Praxis der Volkssouveränität. Im Hellenismus erreichte die Demokratie ihre weiteste Verbreitung in der bisherigen Geschichte der Menschheit. Demokratien hielten sich bis zu 700 Jahre lang, und zwar auch unter römischer Herrschaft. Die letzten Demokratien erloschen am Ende des 3. Jahrhunderts n. Chr., als die Mehrheitsentscheidung aus den städtischen Volksversammlungen des Imperium Romanum verschwand und als die Akklamation sie ersetzte. Damit war die verfassungsmäßige Herrschaft des Volkes wahrscheinlich die erfolgreichste Verfassungsform in den Hochkulturen nach der Monarchie.

Dieser welthistorischen Bedeutung stehen Vorwürfe gegenüber. Die Anklage, die griechische Gesellschaft sei eine Sklavenhaltergesellschaft gewesen, erscholl jahrzehntelang. Indes, die Sklavereiforschung erhärtete, was zureichend Informierte ohnehin wußten: Sämtliche Hochkulturen der Menschheit waren sklavistische Gesellschaften, mit der zeitweisen Ausnahme Japans. Orlando Patterson hat uns in seiner großen komparativen Studie von 1982 damit überrascht, daß selbst bei vorstaatlich organisierten Ethnien Sklaverei herrschte, nicht selten sogar massenhaft.[4] Jene landläufige These, wonach die stärkste politische Freiheit sich just dort herausbildete, wo daneben die größte Unfreiheit existierte,

---

4 Dazu ausführlich: O. Patterson, Slavery and Social Death. A comparative study, 1982.

hat sich als falsch erwiesen. Anders gesagt: Sklaverei pflegten auch die anderen, Demokratie gab es nur bei den Griechen.

Dennoch: Sind uns die Griechen nicht furchtbar fremd, seit die eurozentrischen Konstruktionen kultureller Kontinuitäten lächerlich geworden sind? Hat nicht gerade die französische historische Anthropologie um Jean-Pierre Vernant, Marcel Detienne und Nicole Loraux uns unmißverständlich klargemacht, wie wenig diese exotische Kultur mit uns zu tun hat?

In der Tat. Der Anblick athenischer Frauen, die, ausgeschlossen aus der politischen Öffentlichkeit, ihr Leben in fast islamischer Abgeschlossenheit vor allem im Haus zubringen, macht uns diese Kultur nicht sympathisch, auch wenn die Frauen es in anderen Städten besser hatten. Die schönen Rekonstruktionen jener Tempel, deren scheinbar einfache Architektur neben der Großartigkeit unserer Kathedralen beim ersten Blick stets verblasst, lassen vergessen, was man dort tat. Gewiss, man opferte den Göttern. Aber können wir uns das vorstellen? Diese – oft massenhaften – Tierschlachtungen, bei denen alle ihre kosmischen und sozialen Rollen einnehmen: Götter und Menschen, Menschen und Tiere, Männer und Frauen. Im Halbkreis ist die Opfergemeinde aufgestellt, wenn das Tier an den Altar geführt wird; gellend schreien die Frauen, wenn ihm das Beil in den Nacken fährt. Mit dem Blut wird der Altar des geehrten Gottes besprengt. Während die Männer die Kadaver zerschneiden und das Opferfleisch in gleich große Stücke zerteilen, verschlingt der Opferbrand auf dem Altar bereits die Knochen und das Fett, um mit dem Duft die Götter zu erfreuen. Wenn dann alle männlichen Bürger ihren gleichen Fleischanteil erhalten, beginnt der große Opferschmaus – die Chöre singen, man tanzt, nach Alter und Geschlecht geschieden. Der Rauch zieht über die Stadt. Es stinkt. An den Tempelfriesen wimmelt es von Kampfdarstellungen – überall Bildnisse und Zeugnisse von Krieg und Sieg. Unten auf der Agora – dem großen Platz – erschallen die Schmerzensschreie der Sklaven, die beim Hephaistos-Tempel gezüchtigt oder gerichtlich gefoltert werden. Und beim Thergalienfest hetzt man in Athen – der Schule von Hellas – zwei Menschen nackt durch die Straßen, mit Ruten auf sie einschlagend; und dann vertreibt man sie mit Steinen vom athenischen Boden. Pharmakoi nennen die Athener diese menschlichen Sündenböcke, mit denen die Stadt sich reinigt und entsühnt. Reichlich fremd, diese Kultur. Wie soll sie für uns noch bedeutsam sein? Und was an ihr?

Zwölf Landmarken in der antiken Kultur

Suchen wir nach relevanten Landmarken in der antiken Kultur, dann werden wir an vielen Stellen fündig. Unter dieser Fülle ragen aber zwölf heraus.

Daß gerade sie hervorstechen, liegt an der oben begründeten Perspektive und an der Frage nach kultureller Orientierung. Eine andere Zeit und eine andere geistige Konstellation würden eine andere Perspektive gestatten; und in dieser erschienen folglich andere Landmarken als höher und bedeutsamer. Aber von jener Warte aus, die zum Fundament die obigen sechs Merkmale hat, erblicken wir die nachfolgenden zwölf.

Erstens die Anthroponomie. Die Griechen – und später die Römer – haben erstmals der Menschheit vorgemacht, daß sich die Menschen als Bürger selber ihre Gesetze geben können, unabhängig von Göttern oder einer göttlichen Offenbarung; diese menschliche Autonomie ist, wie die theokratische Bedrohung zeigt, mitnichten selbstverständlich.

Zweitens die Organisation und Kontrolle der Macht. In allen menschlichen Gesellschaften stellt sich das Problem, wie Herrschaft zu begrenzen und zu kontrollieren sei. In der griechisch-römischen Antike löste man dieses Problem auf eine Weise, die in vieler Hinsicht bis heute vorbildlich und teilweise gültig geblieben ist: a) Man trennt das Religiöse vom Profanen; b) man zerlegt die politische Macht in klar definierte Befugnisse – die richterliche Gewalt, die militärische Gewalt, die Bauaufsicht usw. – und verteilt diese Befugnisse auf unterschiedliche Magistrate; c) man begrenzt die Ausübung politischer Macht auf eine definierte Amtszeit, in der Antike immer ein Jahr; d) man bestimmt diese Amtsträger jedes Jahr in einer regulären Wahl durch die Volksversammlung; e) man kontrolliert diese Magistrate während ihrer Amtszeit durch die Ratsversammlung; und f) man verlangt von den Magistraten, nach Ablauf ihrer Amtszeit Rechenschaft abzulegen, und man zieht sie vor Gericht, wenn ihre Rechenschaft sie nicht entlastet. Daher ist die Furcht vor dem Missbrauch von politischer Macht ein ständiges Thema – in der epischen Dichtkunst, in der Lyrik, in der Tragödie und in der Komödie, sogar in der Satire. Diese Furcht stimulierte das politische Denken noch in der römischen Kaiserzeit.

Drittens die politische Freiheit. Die griechischen Städte wie auch Rom haben mustergültig vorgeführt, daß freies politisches Leben vor allem eines beinhaltet: die Teilhabe der Bürger am gemeinschaftlichen Entscheiden. Die politische Partizipation der Bürger als Grundlage der politischen Freiheit ist eine Entdeckung der Griechen. Wichtige Angelegenheiten entschied das versammelte Volk. Das ist der Unterschied zur repräsentativen Demokratie. Die Bürger, ob sie arm waren oder reich, wählten nicht bloß ihre Magistrate, sondern sie entschieden selber die wichtigen Sachfragen, und das um so mehr, je demokratischer die Stadt organisiert war. Auf die Frage, wer herrscht, antwortet das griechische politische Denken: Es herrscht, wer die Entscheidungen trifft. Wenn das Volk versammelt die maßgeblichen Beschlüsse faßt und wenn in der

Volksversammlung die Initiativen kreiert werden, dann herrscht das Volk selber.

Viertens die Vielfalt der Verfahren. Erstmals in der griechischen Kultur entstanden Verfahren, mit denen ganze Bürgerschaften auf geregelte und institutionalisierte Weise gemeinsame Beschlüsse fassen konnten. Hier erreichte die politische Deliberation einen später nie wieder erreichten Höhepunkt. Für diese politische Teilhabe war ein differenzierter Raum der Öffentlichkeit vonnöten. In ihm entzündete sich die berühmte prozedurale Frenesie der Griechen und bescherte der Nachwelt eine erstaunliche Folgewirksamkeit. Zentral war die öffentliche Debatte mit voller Meinungsfreiheit. Diese Form des Deliberierens beruht auf kulturellen Voraussetzungen: Alle müssen dieselbe Sprache sprechen, andernfalls gibt es keine Debatte; alle müssen dieselben Werte vertreten, andernfalls bricht die Bürgerschaft kulturell, religiös, sozial oder ethnisch auseinander, und dann werden Mehrheitsentscheidungen nicht mehr akzeptiert. Der verfahrensmäßige Formalismus zeigte sich nicht nur in der strengen Diskussionsordnung, sondern auch in der kanonischen Abfolge von »Antrag«/»Gegenantrag«, Debatte, Abstimmung. Diese Abfolge ist damals entstanden und seither nicht mehr wegzudenken aus den Gemeinwesen mit republikanischer Tradition. Notwendig war dafür der umfassende Gebrauch der Mehrheitsregel, der einzigen Regel, in der alle Abstimmenden absolut gleich sind. Es ist eine weltgeschichtlich seltene Regel, ohne die keine Demokratie möglich ist.

Fünftens die Verfassungsdebatten. Erstmals die Griechen begriffen die politischen Ordnungen als bestimmte Verfassungen, die man präzise unterteilen kann. Griechische Theoretiker entwickelten die Begriffe »Monarchie«, »Aristokratie« und »Demokratie«. Sie bemerkten, daß jeder dieser drei Typen sich noch in Varianten zerlegen läßt; so unterscheidet Aristoteles vier Varianten der Demokratie. Sie erkannten, daß eine Verfassung in die andere umschlagen kann, eine Demokratie zum Beispiel zu einer Tyrannis werden kann. Und sie dachten nach, welche Faktoren solche Umstürze bewirkten. Griechen wie Römer änderten auch ihre Verfassungen, meist friedlich, oft gewaltsam. Sie erwogen die Kosten solcher Verfassungsänderungen: Wer verliert in einer Demokratie? Wer gewinnt in einer Aristokratie? Sie führten solche Verfassungsdiskussionen in einer Klarheit, wie das bis zur Amerikanischen Revolution nirgendwo mehr geschah. Seit dem 14. Jahrhundert fanden in Europa wieder Verfassungsdiskussionen statt; und dabei benutzte man immer die griechischen Begriffe und die griechisch-römischen Argumente.

Sechstens die Immanenz sozialer Prozesse. Griechen und Römer haben historische Veränderungen erstmals als menschenverursachte, immanente Vorgänge geistig zu bewältigen versucht. Diese politische Reflexion über die Faktoren, die zu schlimmen kollektiven Zuständen führten, brachte eine reiche Produktion von Texten zutage, auf unterschiedlichsten Gebieten intellektueller Schöpfung, so im Epos, in der Tragödie, sehr umfassend in der Historiographie, dann in der politischen Philosophie. Das ständige Nachdenken über die selbstverschuldeten Folgen des eigenen Handelns, sei es individuell oder kollektiv, ist die Kehrseite jener politischen Autonomie, auf die jede Stadt so stolz war.

Siebtens die differenzierte Öffentlichkeit. Die Antike hat eine Stadtkultur hervorgebracht, die in der Weltgeschichte nie wieder erreicht wurde: mit enormem urbanistischem Aufwand für prachtvolle öffentliche Anlagen, in denen die Bürger als Bürger miteinander kommunizierten – Kolonnadenstraßen, gerahmte Plätze, Rathäuser, Bibliotheken, Gymnasien, Theater, Odeia, Stadien, Hippodrome. Solche auf öffentliche Kommunikation ausgerichtete Stadtanlagen sind in der Weltgeschichte einzigartig, und bezeichnenderweise waren Eroberer und Nachfolgekulturen weder willens noch imstande, sie aufrechtzuerhalten.

Achtens die Reflexion über die Verlierbarkeit guter Ordnungen. Die römische und griechische Geschichte lehrt uns, wie Republiken in die Krise geraten und wie sie untergehen. Das können wir niemals lernen aus der Geschichte Chinas, Indiens, Persiens, des Islam oder Afrikas. Einfach weil es dort keine Republiken gab und falls überhaupt, dann als ephemere Phänomene. Es ist für die Geschichte der politischen Freiheit eine wesentliche Frage, wie die republikanische Staatsform verlorengeht. Obwohl sich die Geschichte nicht wiederholt, ereignen sich kritische Situationen mit homologen Problemen und analogen Lösungen.

Neuntens belehrt uns die Spätantike über die immensen Folgen von religiösen Revolutionen. Das Aufkommen einer neuen religiösen Kultur hatte dramatische Auswirkungen auf die städtische Zivilisation des Römischen Reiches. Die Bürgerschaften in den Städten spalteten sich zunehmend in Religionsgemeinschaften, die einander feindlich gegenüberstanden. Im öffentlichen Raum kam es immer wieder zu religiösen Gewaltakten, da immer größere Teile der Stadtbewohner als Feinde weniger die Fremden jenseits der Reichsgrenzen ansahen, sondern vielmehr die Andersgläubigen in derselben Stadt für Feinde hielten. Damit verlor die Stadt ihre republikanische Grundlage. Kaiser Justinian entzog allen christlichen Häretikern praktisch das Bürgerrecht, ebenso den Juden und anderen Nichtchristen. Und der Islam schuf daraus eine radikale religiöse Apartheid. Wir können aus dieser Entwicklung lernen, um unsere eigene kulturelle Lage zu definieren.

Zehntens das Nachdenken über extreme Unfreiheit. Obwohl es viele und auch bedeutendere sklavistische Gesellschaften in der Weltgeschichte gab, haben Griechen und Römer den Gegensatz von Freiheit und Sklaverei konsequenter durchdacht als sämtliche andere Kulturen vor dem Aufkommen des Abolitionismus. Nicht zufällig. Da in den antiken Staaten die politische Freiheit so hoch stand, mußte man über die persönliche Freiheit so gründlich nachdenken. Den philosophischen Satz, wonach alle Menschen von Natur aus gleich seien, nahm das Römische Recht als Rechtsprinzip auf: *omnes homines iure naturali aequales sunt et liberi*. Auf diesem Satz ruhen die Menschenrechte, nämlich deren Artikel 1. Und nicht zufällig wurden in der Spätantike erstmals eindeutig und scharf abolitionistische Argumente formuliert. Da in mehreren Großregionen der Welt sklavenähnliche Verhältnisse zurückkehren, steigt der Mahnwert jenes Satzes.

Elftens die Wissenschaft. Die Griechen schufen als erste und einzige jene Wissenschaft, an der wir uns bis heute orientieren: Mathematik, Philosophie, Physik, Mechanik, Medizin, Astronomie, Geographie, Historiographie, Grammatik, Rhetorik. Wissen ist nicht Wissenschaft. Der Orient hatte ein großes technisches und medizinisches Wissen. Aber keine orientalische Kultur war in der Lage, dieses Wissen theorieförmig zu systematisieren. Erst theorieförmiges Systematisieren mit disziplinären Regeln sowie mit dem Gebrauch des logischen Beweises bringt Wissenschaft in Gang. Die wissenschaftlichen Kulturen der heutigen Welt denken zwangsläufig in griechischen Begriffen. Wir verwenden wie selbstverständlich den logischen Beweis – eine rein griechische Erfindung.

Zwölftens das Allinteresse für fremde Kulturen. Wir verdanken es ausschließlich den Griechen. Nur wegen ihres Allinteresses wissen wir überhaupt so manches über andere antike Kulturen; und deshalb sind wir überhaupt daran interessiert, davon zu wissen, wie Jacob Burckhardt erkannte: »Durch ihre Weltkunde beleuchteten sie außer ihrem eigenen Wesen auch das aller anderen alten Völker; ohne sie und ohne die philhellenisch gewordenen Römer gäbe es überhaupt keine Kunde der Vorzeit, weil alle anderen Völker nur auf sich selbst achteten, auf ihre Königsburgen, Tempel und Götter.«

Die genaue Untersuchung der nichtgriechischen Historiographie hat Burckhardts Urteil auf beunruhigende Weise bestätigt. So konnte Arnaldo Momigliano gegen die hellenistische Kultur den Vorwurf erheben, sie habe es versäumt, noch mehr Kunde über Indien, Persien, Arabien und Ostafrika zu sammeln. Der Vorwurf mag überzogen sein, weil wir nicht wissen können, wieviel Wissen verlorenging. Doch Momigliano begründet ihn damit, daß allein die Griechen über die begrifflichen Mittel verfügten, systematisch fremde Kulturen zu beschreiben. Alle anderen Kulturen verschmähten es, die Andersartigkeit ihrer nahen und fernen Nachbarn zu betrachten und über sie nachzudenken: »Nur durch die Griechen hängen die Zeiten und das Interesse für diese Zeiten aneinander.« Ein Zusammenhang der Kulturen und der Epochen kann sich nur herstellen durch ein Interesse, das über das unmittelbare weit hinausgeht. Das methodische Staunen über die Andersartigkeit des Fremden sowie die Neugier darauf, welche Differenzen kulturell maßgeblich sind, ist keine Gabe der Natur. Sie ist eine kulturelle Technik, die von empfindlichen Voraussetzungen abhängt.

Wenn es diese zwölf Landmarken sind, die im Strahl jenes Lichtkegels aufleuchten, mit dem wir von unserem aktuellen Beobachtungspunkt aus die Vergangenheit ausleuchten, dann sollten sich von diesen Marken aus Linien ziehen lassen, Linien, die jene kulturelle Existenz, der wir uns als freiheitlich gesonnene Europäer verdanken, mit Koordinaten versehen. Wir können an diesen Linien ablesen, wo wir stehen und wohin wir unterwegs sind.

Unser Gründungsakt und die Autonomisierung des Politischen

Europa verdankt seine politische Identität einem griechischen Gründungsakt. Dieser vollzog sich vor mehr als 2600 Jahren als ein Prozeß, den wir »solonische Reformen« nennen. Die von inneren Krisen geschüttelte Polis Athen wählte 594 v.Chr. Solon als »Wiedereinrichter«, ausgestattet mit gesetzgeberischen Vollmachten, um die Bürgerschaft neu zu ordnen. Solon erließ umfassende Gesetze, und er ordnete die athenische Adelsrepublik so, daß sie hinfort gefeit sein sollte gegen soziale Unruhen, adlige Fehden und politische Umstürze. Daher regelte er die Wahl zu den Ämtern, die Amtskontrolle, die Rolle des Adelsrates, die Rolle der Volksversammlung und das Gerichtswesen. Eine neue Verfassung also, aus einem Guß. Wer so tief eingreift in die Ordnung, muß sein Tun rechtfertigen. Solon tat das in Gedichten, von denen einige fast vollständig erhalten sind. In seiner Elegie »Eunomia« verkündet er, daß die Götter Athen nicht verderben würden, obschon es in der Polis ungerecht zugehe, denn die Götter vergelten böse Taten lediglich an den Individuen.[5] Trotzdem gleite die Polis ins Verderben ab. Denn verschuldete Bürger würden als Sklaven verkauft, es folgten Fehden und sogar der Bürgerkrieg, und schließlich gerate die Stadt unter die Knute von Tyrannen.

Unsere Stadt wird nie nach dem Rat der unsterblichen Götter/
Noch mit Willen des Zeus ja ins Verderben gestürzt:/
Denn als Hüterin hält des Allgewaltigen Tochter,/
Pallas Athene, die Hand sorgenden Sinns über sie./
Aber die Bürger selbst und der unrechte Sinn ihrer Führer/
Bringen die große Stadt, Törichte, selber in Not.
(vv 1–6, nach Snell)

Das ist ein ganz neuer Diskurs. Von Menschen verursachte Übel vergiften den sozialen Zusammenhalt, provozieren die Selbstzerstörung der Bürger-

---

5 Stahl, 1992, S. 394.

schaft – ohne göttliches Zutun. Solon postuliert einen rein immanenten Vergeltungsmechanismus – »einen von göttlicher Einwirkung freien irdischen Kausalzusammenhang«. Demzufolge ist soziales Übel von Menschen gemacht und führt in politische Desaster, die alle treffen.[6] Es ist die Sache aller, sie am Entstehen zu hindern, indem man ihre Ursachen beseitigt. Nur eine neue politische Ordnung leistet das, verwirklicht in einem Bündel von Gesetzen und Verfassungsregeln, innerhalb des Rahmens von Institutionen, die auch funktionieren. Da jegliche politische Ordnung prekär ist, benötigt die »Wohlordnung« ständig wache Bürger. Uns erscheint das ganz selbstverständlich. Doch andere Kulturen haben ganz anders optiert als die Griechen. Die Selbstverständlichkeit rührt aus unserer langen republikanischen Tradition. Diese Tradition selber nimmt ihren Ausgang eben von jenem Gründungsakt.

Nun sind Gründungsakte stets Erzeugnisse der nachträglichen sinnstiftenden Arbeit des kulturellen Gedächtnisses von Gemeinschaften, die sich in ihrer Welt orientieren müssen. Sie erscheinen als Vorgänge mit mythomotorischer Dynamik, die neue historische Schneisen schlagen und historische Kontinuitäten regelrecht in Gang setzen. Indes, historische Kontinuitäten sind zumeist imaginäre Größen; und eine solche Kontinuität zwischen

---

6 Stahl, 1992, S. 399; Jaeger, 1926, S. 69ff., hier S. 79.

Solons Reformen und der europäischen Moderne hat es nicht gegeben. Die spezifisch europäische Weise, Gemeinschaft zu organisieren, nahm zwar hier ihren Anfang, doch sie war jahrhundertelang nicht erkennbar, ja geradezu historisch ausgelöscht. Um sie geht es nun.

Die Reformen Solons waren umfangreich, systematisch und gewiß längst konzipiert, bevor er sein Archontenamt antrat. Ein solch planvolles Handeln verrät das Wirken einer Tradition, in der Solon selber stand. Aus der kretischen Stadt Dreros stammt das älteste »staatsrechtliche« Dokument Europas: Eine Inschrift von etwa 650 v.Chr. verbietet, das oberste Amt innerhalb von zehn Jahren zweimal zu bekleiden, und verpflichtet einen gewählten Rat dazu, Verstöße zu ahnden. »Gott möge gnädig sein (?). Das hat die Polis beschlossen. Wer Kosmos gewesen war, der soll zehn Jahre lang nicht nochmals Kosmos sein. Wenn er als Kosmos tätig ist, welches Urteil er auch spreche, soll er das Doppelte schulden; und er soll amtsunfähig sein lebenslang; und was er als Kosmos tut, soll nichtig sein (...) Beschwören sollen es der Kosmos und die Damioi und die 20 der Polis (...)«[7]

Die Ratifikationsformel lautet: »Dieses hat die Polis beschlossen.« Verfassungsgesetze solcher Art gab es zu Solons Zeit in Fülle, obschon die meisten

---

7 Meiggs-Lewis, Selection of Greek Historical Inscription, No. 2. Dazu: Walter, 2013.

nicht erhalten sind. Solche Gesetze scheiden das Sakrale vom Profanen, das Öffentliche vom Privaten; sie regeln die Ausübung politischer Macht, zerlegen die politische Macht in definierte Befugnisse, die die Polis gewählten Personen auf begrenzte Zeit zuweist. Kein mythischer Gründer hat sie gegeben, kein göttliches Orakel angeordnet; sie beruhen allesamt auf Volksbeschlüssen. In feierlicher Monotonie kehrt die pathetische Formel wieder: »Dieses hat die Polis beschlossen.« Dieses Selbstbewusstsein kleiner griechischer Städte wird die Bürger repräsentativer Demokratien auf immer beschämen. Stolz sprechen die Bürgerschaften aus, daß sie ein kollektives Subjekt der Gesetzgebung sind, daß sie selber der Urheber der eigenen Ordnung sind, daß sie als Gemeinschaft autonom sind – nämlich auto-nomos, sich selber das Gesetz gebend. Keine einzige griechische Polis ist auf göttliche Gesetze gegründet. Und die Ausnahme Sparta ist wahrscheinlich keine.

»Intellektuelle« wie Solon mußten bloß einen Schritt machen: nämlich den vom Verfügen über einzelne Sachverhalte hin zum Verfügen über die Ordnung als Ganze. Statt an einzelnen Mißständen herumzudoktern, begriffen sie soziale und politische Probleme als Elemente und Phänomene innerhalb einer Ordnung. Dazu muß man »vom Ganzen her« denken, jedoch dieses »Ganze« so eingrenzen, daß transzendente Faktoren ausgesperrt bleiben. Ein kleiner Schritt mit großen Folgen. Denn nun lassen sich ganze Ordnungen ersinnen. Eine ausgedachte Verfassung vorlegen und sie planvoll in Form von Gesetzen verwirklichen heißt den Raum kollektiven Handelns konzipieren als eine ganz besondere Sphäre der Kommunikation, in dem selbstbewußte Bürgerschaften über ihre Regeln nachdenken. Dann ist das Politische kein Luhmannsches System mehr neben anderen Systemen, sondern der Ort, an dem die Bürger auf ihre sozialen Beziehungen willentlich und planmäßig einwirken, mit reflektierten Entwürfen und rationalen Debatten. Eben das – die politische Deliberation und Partizipation – ist nach Aristoteles die vornehmste Praxis des Menschen und wird es immer bleiben, auch wenn es uns in den repräsentativen Demokratien nicht mehr möglich ist, in dem Maße Aktivbürger zu sein, wie es sich für Griechen und Römer gehörte.

Wie war das möglich, und warum war es in der griechischen Kultur so leicht möglich? Auch im alten Kanaan finden sich Stadtrepubliken, wie das Alte Testament bezeugt. Dort hielten sich Republiken jedoch nicht; sie verschwanden und machten Monarchien Platz. Anders in der hellenischen Kultur. Jacob Burckhardt hat den Grund prägnant beschrieben. Es lag an der Schwäche der griechischen Religion. Materiell war diese Religion sehr stark; sie verschlang hohe Investitionen; sie versetzte der Architektur Impulse ebenso wie der Skulptur und der Poesie. Sie leistete in den Opferfesten Gemeinschaftsbildung: In diesen gemeinsamen Feiern mit Prozessionen, Chorgesängen, Schlachtopfern, Fleischverteilungen und gemeinsamen Banketten wurden familienübergreifende, lokale oder sogar regionale Zusammengehörigkeiten aktualisiert und mit einer zeitlichen Tiefendimension versehen. Aber so sehr die Kultpraxis den Zusammenhalt förderte, so wenig wirkte die Religion hinüber in die anderen sozialen Bereiche, weder ins Politische noch ins Rechtswesen noch in die Organisation des Wissens noch in die Dichtung noch in die Ethik. Diese Religion entwickelte sich nie zu einer relativ autonomen Instanz; sie war außerstande, verbindliche moralische Maßstäbe zu setzen, politische Hierarchien zu definieren, soziale Vorrechte zu legitimieren; sie war außerstande, Aussagen zu machen über die soziale und politische Ordnung; sie bot weder der Gerechtigkeit und dem Gesetz eine religiöse Stütze, noch vermochte sie, die Ordnung religiös abzusichern. Ganz anders in den altorientalischen Stadtrepubliken. Dort entfachte sich diese vehemente institutionelle Dynamik nicht; und es ist offensichtlich, daß starke Religionen diese hemmten.

Anthroponomie gegen Theonomie

Experimentieren und Instabilität führen uns zu unserer zentralen Frage. Nicht zufällig stößt Machiavelli auf ein Dilemma aller Gesetzgebung: Woher bezieht das gegebene Gesetz seine bindende Kraft?

Aus der Autorität des Gesetzgebers! Doch woher stammt diese? Kategorisch lautet der Bescheid: »Es gab noch nie einen außergewöhnlichen Gesetzgeber in einem Volk, der sich nicht auf Gott berufen hätte, weil seine Gesetze sonst nicht angenommen worden wären; denn es gibt viel Gutes, das zwar von einem klugen Mann erkannt wird, aber doch keine so in die Augen springenden Gründe in sich hat, um andere von seiner Richtigkeit überzeugen zu können. Kluge Männer nehmen daher zur Gottheit ihre Zuflucht, um dieser Schwierigkeit Herr zu werden. So machten es Lykurg, so Solon und viele andere, die dasselbe Ziel anstrebten.«[8]

Stimmt das? Die berühmte Statue im Louvre zeigt, wie der Gott Shamash den babylonischen König Hammurapi ermuntert, Gesetze zu erlassen. Doch der König formuliert dieselben in eigenem Namen, vor etwa 3800 Jahren. Mose hingegen gibt keine Gesetze, sondern erhält auf dem Sinai von Gott die beschriebenen Tafeln mit fertigen Gesetzen.[9] Zwischen Hammurapi und Mose verläuft eine prinzipielle Trennlinie, die Machiavelli verwischt. Zwischen göttlichem und menschlichem Gesetz klafft ein Abgrund: Hammurapi ist ein Gesetzgeber, obwohl ihm eine himmlische Macht dazu den Auftrag

---

8 Discorsi, I, 11 = Machiavelli, Tutte le opere, S. 94.

9 Exodus 31,18, 32,16, 34,1, Deuteronomium 4,13, 5,22, 9,10, 10,2–4.

erteilt. Mose ist jedoch keiner, ebensowenig wie später Mohammed.

Und Solon? Er beruft sich nicht einmal auf einen göttlichen Auftrag wie Hammurapi, sondern verkündet selbstbewußt: »Dies die Athener zu lehren, befiehlt mir mein Herz *[thymos]*.« (Eunomia, v 30) Werner Jaeger hat diesen Vers für den »Höhepunkt des Gedichts« gehalten. Aus gutem Grund. *Thymos* meint hier nicht Gefühl und subjektive Willkür, sondern den Drang, der eigenen Einsicht zu folgen – also der menschlichen Vernunft. Das ist eine ganz andere Quelle des Gesetzes als jene, aus der Mose und Mohammed schöpften. Solons Satz dokumentiert eine Verselbständigung der politisch tätigen Vernunft, die reflexiv sich dieser Autonomisierung bewußt wird.[10]

In der klassischen Antike, vor allem bei den Griechen, lagerte sich an jene menschliche Autonomie ein Komplex semantischer Verweisungen an, die erstmals im 1. Stasimon der sophokleischen »Antigone« beredt zu Wort kommen. Diese Autonomie ist unvereinbar mit Heiligem Recht. Weder politische Ordnung noch Gesetze benötigten in der Antike eine göttliche Legitimation. Das Römische Recht war von Menschen gesetztes Recht, anpaßbar an neue Sachlagen. Die römische Volksversammlung beschloß neue Gesetze, und sie abrogierte, strenge Prozeduren befolgend, bisweilen be-

---

10 Dazu: Stahl, 1992, S. 395.

stehende. Die Kaiser handelten später nicht anders. Gewiß, auch andere Kulturen haben ein rein weltliches Recht hervorgebracht. Am deutlichsten bildete sich in China seit dem 3. Jahrhundert v. Chr. ein positives Recht heraus. Allerdings sind die chinesischen Gesetze allzumeist herrscherliche Befehle; demgemäß hatte das chinesische Recht seinen Geltungsgrund in hohem Maße in der Macht des Herrschers.[11] Darum konnte eine Autonomisierung des Rechts, wie sie im Römischen Reich feststellbar ist, nicht einsetzen.

In der westlichen Christenheit kam es zu einer hierokratischen Organisation der Kirche, aber nicht zu einer Priesterherrschaft, und schon gar nicht zu einem von ihr verwalteten heiligen Recht. Das kanonische Recht ist kein heiliges Recht im religionssoziologischen Sinne; es sind lauter Konzilsbeschlüsse und päpstliche Dekrete.[12] Zwar ist es ein sehr stabiles Recht; aber mit strengen Verfahrensregeln kann es abgeändert oder weiterentwickelt werden. Das kirchliche Recht blieb immer getrennt von den diversen weltlichen Rechtssystemen. Wegen der Trennung beider Rechtssphären konnte es einerseits Konkordate geben und waren anderseits religiöse Eliten außerstande, als solche richterliche Befugnisse auszuüben; auch deswegen konnte der

---

11 Siehe: Bünger, 1980, S. 451, 463, 470 f.

12 Siehe die brillanten Ausführungen von Mitterauer, 2003, S. 152–198.

Typus des jüdischen oder gar islamischen Rechtsgelehrten niemals aufkommen.[13] Um Differenzen zwischen den politischen Kulturen zu verwischen, posaunt ein schicker Trend, auch in Europa habe noch vor wenigen Jahrhunderten eine *Lex Divina* über das Politische gewaltet. Solche historische Ignoranz darf sich desto ungenierter gebärden, je mehr sie zum medial beglaubigten Syndrom amnestischer Barbarei wird.

In vielen Gesellschaften hielt man die menschliche Ordnung für göttlich gestützt oder gänzlich von Gott gebilligt. Aber nur wenige davon bildeten eine ausdrückliche theokratische Legitimierung der politischen Ordnung und der Herrschaft aus. Der Unterschied verdeutlicht sich, indem man die Sakralisierung unterschiedlichster Monarchien vergleicht. Sakralisierung der politischen Macht heißt nichts weiter, als Gott dazu einzuspannen, dieser politischen Macht beizustehen. Aber diese Hilfe bedeutet keineswegs, daß Gott die politische Ordnung bestimmt. Der josephischen Unterscheidung eignet nicht nur konzeptuelle Substanz, sondern historische Wirkung. Wenn ein europäischer König sich als König von Gottes Gnaden bezeichnet, dann heißt das nicht, daß die Ordnung von Gott gegeben ist, sondern daß der Monarch so lange Monarch

---

13 Mitterauer, 2003, S. 159. Siehe dort auch die Ausführungen zu den Differenzen zwischen den unterschiedlichen Typen von Rechtsgelehrten (S. 165–168: Judentum; S. 168–172: Islam).

ist, wie Gottes Gnade ihn in dieser Funktion hält. Das kann lebenslang sein wie in der französischen Monarchie, das kann bis zu seinem Sturz sein wie in der englischen. Wie der König zu herrschen hat, welche Befugnisse er hat und welche nicht, das ist Sache der Reichsorganisation. Daher hat es eine Magna Charta in europäischen Monarchien gegeben – und nicht nur eine –, aber nie im islamischen Raum.[14]

Gewiß, alle drei monotheistischen Religionen stellten Ansprüche an die politische Ordnung; doch das Christentum hatte die geringste Chance unter ihnen, ein göttliches Gesetz zu postulieren, das die politische Ordnung umspannte. Natürlich gab es auch innerhalb des westlichen Christentums Versuche, die politische Ordnung auf Gottes Willen zu gründen. Doch nur häretische Strömungen verfolgten das politische Ziel, das »Reich Gottes« herzustellen, insbesondere chiliastische Sekten.[15] Typischerweise verstärkten und vervielfältigten sich verwandte Ideen und Einstellungen während der Reformation;[16] der »Biblizismus« erhob die »Schrift« zur maßgeblichen und alleinigen Quelle, um den Willen Gottes zu erschließen – auch in politischen Fragen –, und ließ theokratische Ideologeme hoch-

14 Mitterauer, 2003, S. 149–151.

15 Siehe dazu: Cohn, 1970, 220 f.

16 Dazu: Walzer, 1965. In dieser Zeit beginnt nicht zufällig eine regelrechte Verkultung der Zehn Gebote im protestantischen Raum.

schwappen, die insbesondere in England von 1600 bis 1660 einige beachtliche Breitenwirkung entfalteten. Es bezeichnet die geistesgeschichtliche Lage, daß die Vorstellung eines »göttlichen Rechts der Könige« erst aufkam, als König Jakob I. sich gegen radikalprotestantische Zumutungen zur Wehr setzte. Diese verlangten, daß der König das politische Gemeinwesen auf das göttliche Gesetz stelle und als Monarch die Anweisungen von Predigern befolge, die sich als Propheten gerierten.[17] Indes, ein solches »göttliches Recht der Könige« zu postulieren, um Person und Amt des Königs gegen Angriffe zu immunisieren, half nicht: Als feindliches Echo erklang 1643 Herbert Palmers Parole: »The Parliament is a Power ordained of God, it is the Minister of God.«[18] Der enthauptete Karl I. nahm die Doktrin des »göttlichen Rechts der Könige« 1649 mit ins Grab. Ein solches Scheitern kann kein Zufall sein.

Daher ist es unnötig, die Entstehung des modernen Staates als Antwort auf die religiösen Bürgerkriege zu interpretieren. Daß der Staat sich über die konfessionellen Parteien hinweg dermaßen autonomisieren konnte, lag an einem pararepublikanischen Verhalten der Bürger so vieler freier Städte mit hoher Selbstverwaltung. Die Forschungen von Peter Blickle, Otto Gerhard Oexle und Gerhard Dilcher

---

17 Pečar, 2007.
18 Van Gelderen, 2005, S. 316.

haben die »revolutionäre Bedeutung der Bildung kommunal verfaßter Städte in Europa« zur Geltung gebracht.[19] Der dort gepflegte Kommunalismus ist zwar nicht identisch mit dem antiken Republikanismus, aber er ist die Voraussetzung für die Entstehung von Republiken. Mittelalterliche Deutungsarbeit gebrauchte die spärlichen Überbleibsel antiken Textgutes als Reservoir für zitierte Juwelen und als Referenz für politische Maßstäblichkeit, wie Pocock und Skinner aufgezeigt haben.[20] In den Kontroversen, die seit dem ausgehenden 13. Jahrhundert italienische Intellektuelle wie Bartolus oder Marsilius führten, um die Überlegenheit der republikanischen Ordnung über die monarchische zu behaupten, beriefen sie sich ebenso auf Gott, wie ihre Kontrahenten das taten. Desgleichen finden sich Gottesbezüge selbstverständlich auch in den Präambeln von Charten und Verfassungen. Aber ein Gottesbezug hat nichts zu tun mit göttlichem Gesetz, das konkrete politische Ordnungskonzepte fundiert und andere ausschließt. Es trifft genau das Gegenteil zu: Gerade weil ein göttliches Recht fehlte, mußte ein Gottesbezug in die Präambeln.

Fundamental jedoch ist, daß die Unterscheidung der beiden Sphären auch den Konflikt zwischen ihnen zuließ. Ist die Religion erst einmal geschieden

19 Dilcher, 1999, S. 481 f. Hierzu: Mitterauer, 2003, S. 141–151, 284 ff.; und vor allem: Oexle, 1996a u. 1996b.

20 Skinner, 1998; van Gelderen 2002.

von der weltlichen Macht und hört sie auf, sich anzumaßen, über die Ordnung zu bestimmen, dann ist sie kompatibel mit fast allen weltlichen Verfassungen. Es war nur konsequent, als Pius VII. in der Weihnachtsmesse 1797 verkündete, sogar die Demokratie sei mit dem Christentum vereinbar.[21] Das war den Bürgern des Schweizer Kantons Glarus schon seit dem 11. März 1387 klar, als sie versammelt beschlossen, daß die Mehrheitsentscheidung einer Landsgemeinde auch für die Minderheit gelte, womit die erste nachantike Versammlungsdemokratie ihren Anfang nahm.

---

21 Zitiert bei: Palmer, 1953.

Epilog

Universalismus – menschliche Gründung ohne göttliche Garantie

WER Weltgeschichte sagt, kann der Frage nicht ausweichen, wie er zur Universalisierung steht. Haben die Menschenrechte und die Regeln der Rationalität universal zu gelten oder nicht? Als Historiker dürfte man schroff behaupten: Wenn es keine Rechte über allen Kulturen gibt, dann war Auschwitz kein Verbrechen. Empirisch ist das richtig. Aber die Politische Philosophie darf berechtigterweise die Achseln zucken und erwidern: »Na und?« Denn die moralische Nötigung, hierin ein Verbrechen zu sehen, darf ihr nicht genügen. Sie verlangt nach Argumenten, die deswegen Anspruch auf Geltung erheben dürfen, weil sie logisch deduzierbar sind aus unstreitigen Axiomen. Doch vielleicht gibt es einen Weg, Geltung zu begründen, den die Politische Philosophie bisher nicht gesehen oder nicht gewürdigt hat?

Der Frankfurter Philosoph Werner Becker plädierte 2006 dafür, den universalen Anspruch der Menschenrechte fallenzulassen: Sie seien nur dann als universale denkbar, wenn sie von einem universalen Gott gegeben seien; jedoch werde dieser Gottesbezug angesichts religiöser Pluralität immer unplausibler.[1] Seltsamerweise glaubt er, neuzeitliche Philosophen hätten die »Menschenrechte als Prinzip der Moderne« entdeckt, wobei er Hobbes, Locke und Pufendorf nennt. Ideengeschichtlich zeugt das von einer erstaunlichen Ignoranz. In Wirklichkeit entzündete sich die Theorie eines unverlierbaren Rechts jedes einzelnen Menschen am Problem der Sklaverei; sie entsprang nicht den Debatten um zivische Rechte. Erst spät – um 1550 – prägte Bartolomé de las Casas das Wort »reglas de los derechos humanos«; doch er tat es immerhin ein Jahrhundert vor der englischen Revolution, im Rahmen derer in den Putney Debates ebenfalls unverlierbare Rechte formuliert wurden. Becker scheint diese Diskussionen nicht zu kennen. Darum fährt er fort, jene von ihm erwähnten Philosophen seien einem Grundwiderspruch nicht entkommen: »Dem aller liberal-freiheitlichen Staatstheorie zugrunde liegenden Gedanken, wonach jedes Verfassungsrecht als aus dem freien Willen der einzelnen hervorgegangen gedacht werden kann, steht gegenüber, daß da bereits gewährleistet sein muß, daß sich jeder einzelne mit dem gleichen Recht wie jeder andere an der allgemeinen Willensbildung beteiligen kann (...) Das eine Gedankenelement enthält die Idee rein weltlicher Gesetzgebung: die Bildung einer Gesellschaft als eines Vereins freier Menschen.

1 Becker, Ein Plädoyer gegen den Universalismus, in: FAZ, 24. Juni 2006.

Wohingegen das andere Element auf eine höhere als eine menschliche, nämlich auf göttliche Gesetzgebung verweist, weil sich das Recht eines jeden auf gleichberechtigte Mitentscheidung nicht seinerseits einer derartigen menschlichen Willensbildung verdanken kann. So kam es zu einem Naturbegriff, dessen janusköpfige Bedeutung in der Verfassungstheorie bis heute nachwirkt.«

Für diese Behauptung liefert Becker keine Belege. Er dürfte schwerlich Texte finden, die das Recht auf Mitentscheidung aus einem göttlichen Willen herleiten. Falls Becker vertragstheoretisch argumentiert, dann ist seine Aussage unhaltbar. Denn selbstverständlich kann der Gesellschaftsvertrag so gedacht werden, daß alle Menschen, die sich zu einem Corpus vereinigen, einander gegenseitig das Recht zugestehen, als gleichberechtigte Mitentscheider in den Vertrag einzutreten. Selbstverständlich ist das Recht auf gleichberechtigtes Mitentscheiden das Ergebnis eines Willensaktes: Die fiktive Urversammlung, zu der sich die noch im Naturzustand Lebenden treffen, um ihre elendige Lage zu beenden, kann überhaupt nur zustande kommen unter der Bedingung, daß die atomisierten Individuen sich als gleichberechtigte Partner anerkennen, zumindest für die Dauer des Konstitutionsvorgangs. Einander als Gleiche anzuerkennen ist nicht gottgegeben, sondern ein willentlicher Akt. Diese gegenseitige Anerkennung ist für den »Beginn« fundamental. Sie ermöglicht es, die goldene Regel anzuwenden. Und dafür ist Gott unnötig. Welchen Status die unterschiedlichen Vertragspartner hernach einnehmen, darüber verfügt die entstehende politische Gemeinschaft.

Die logische Gültigkeit der Menschenrechte im strengen Sinne, nämlich der Artikel 1, 4, 7, 11, 13, 18 und 19, ist bedingt von der vorausgesetzten Gleichheit und Willensfreiheit. An der französischen Erklärung der Menschenrechte von 1789 ist das deutlicher zu erkennen, da sie juristisch präziser und philosophisch systematischer formuliert und aufgebaut sind als die allgemeine von 1948. Ideengeschichtlich ist, was Becker behauptet, falsch.[2] Das Problem stellte sich in der politischen Philosophie anders und gravierender. Nämlich: Wie kann der erste Willensakt, aus dem ein Grundgesetz resultiert, seine Geltung behalten? Denn sowohl die Subjekte dieses kollektiven Beschlusses können ihren Willen ändern als auch die Nachgeborenen. Und wenn sie ihren Willen in dieser Hinsicht ändern, dann kann das Grundgesetz nicht bestehen. Daß Genesis und Geltung schwer in Einklang zu bringen sind, hat Rousseau in der schmerzenden Frage ausgedrückt, wie man eine Staatsform finden könne, die das Gesetz über den Menschen stellt. Wie kann der kollektiv gemachte Anfang eine unbezweifelbare Autorität behalten? Das Problem ist die menschliche

2 Siehe: Kersting, 1994, S. 1–58.

Autonomie, die ja nicht einfach abgeschaltet werden kann, ohne daß die Menschen ihr Menschsein beeinträchtigen.

Wenn man, so fährt Becker fort, die Menschenrechte als »überpositives« Recht voraussetzt, dann »können weder Theologen noch Philosophen dessen göttliche Autorität verbürgen (...) Das Dilemma gilt in gleichem Maße für die Menschenrechtserklärung der Vereinten Nationen (...)«. Denn von deren »überpositiver Gültigkeit« könne niemand sagen, »aus welch göttlicher Quelle sie sich herleitet (...) Auch Kants Auskunft eines ›Vernunftrechts‹ (...) eröffnet keinen Ausweg. In einem kulturübergreifenden Verständnis ließe sich ›Vernunft‹ höchstens als die überall verbreitete menschliche Fähigkeit zu logischem Schlussfolgern vermuten (...) Das reine Denkvermögen (...) enthält aber weder eine universale ›praktische Vernunft‹ im Sinne Kants, noch stellt es, darüber hinaus, eine universale rechtssetzende Instanz dar.«

Die Antinomien sind nicht von der Hand zu weisen. Als Jefferson formulierte: »We hold these truths to be self-evident«, erhob er die fundamentalen Rechte zu Wahrheiten, die mit axiomatischer Evidenz ausgerüstet sind, also zu Wahrheiten, die vor aller Vernunft liegen, von derselben absoluten Qualität wie Grundaxiome der Mathematik. Nun hat die Wahrheit, wie Platon darlegte, einen Zwangscharakter, der sich am plastischsten an mathematischen Sätzen zeigt. Doch die natürliche Gleichheit der Menschen ist keineswegs so evident wie die Behauptung, daß zwei mal zwei gleich vier ist.[3]

Aus der Vernunft läßt sich in der Tat sowohl die natürliche Gleichheit wie auch die natürliche Ungleichheit herleiten. Kaum bringt man empirische Fakten ins Spiel, sprechen viele Sachverhalte gegen die vorausgesetzte Gleichheit; und sie gerät zum bloßen Glauben. Wer wollte die beträchtlichen Unterschiede der Talente abstreiten oder die unterschiedliche Willenskraft der Individuen? Man kommt schwerlich umhin zuzugeben, daß weder die natürliche Gleichheit noch die individuelle Freiheit ableitbar sind von den Prinzipien der Vernunft.

Manche göttliche Offenbarungen behaupten die Ungleichheit der Menschen – nämlich als radikale Differenz zwischen Gläubigen und Ungläubigen, die eine fundamentale Ungleichheit der Rechte nach sich zieht, bis hin zum Recht, andere zu versklaven. Andere Offenbarungen begründen die prinzipielle Gleichberechtigung der Menschen. Alle Versuche, die Menschenrechte auf einen göttlichen Willen zu gründen, rauben diesen die universale Verbindlichkeit; so weit ist Becker zuzustimmen. Denn eine so große Gemeinschaft wie die schariagläubigen Muslime kann die Menschenrechte genau dann nicht akzeptieren, wenn sie religiös begründet werden sollen. Daher negiert die »Kairoer

---

3 Arendt, 1974, S. 248 ff.

Erklärung der Menschenrechte« prinzipiell die »Allgemeine Erklärung der Menschenrechte«.

An dieser Stelle wird der Abstand zur Antike schmerzlich spürbar. Selbstverständlich müssen wir »Unverfügbares« postulieren. Dieses »Unverfügbare« läßt sich freilich anders denken als gegeben von einem Schöpfergott. Denn es gibt andere Instanzen, die Geltung verbürgen. Die Römer nannten es *Mos Maiorum*, das heißt verbindliche Tradition. Griechen und Römer anerkannten bestimmte Normen als unverfügbar, obschon diese nirgendwo anders niedergelegt waren als in Gesetzen, die generiert worden waren in Beschlüssen der Volksversammlung. Trotzdem galt eine ganze Reihe von Prinzipien hinter den gesetzlichen Normen als unantastbar. Sie galten, weil den politischen Eliten klar war, daß eine Stadt – wie es Heraklit so treffend ausdrückt – um ihren *Nomos* ebenso kämpfen muß wie um ihre Mauer. Sie galten, weil man ihre Gültigkeit beschwor. Über diesen rabiaten Konventionalismus der antiken Republiken hat sich die Neuzeit stets aufs Neue gewundert. Doch er war ihnen nicht als Geschenk in die Wiege gelegt. Ihm die Treue zu halten war keineswegs immer einfach. Es war eine hohe soziale und memoriale Mühe aufzuwenden, um diese Unverfügbarkeit periodisch in das Bewußtsein einzuholen.

Im Spiegel der Antike gewahren wir eine unerwartete Begrenztheit der »Moderne«. Unsere Kultur hält nur das für unverfügbar, was entweder der

Offenbarung oder der Vernunftwahrheit entspringt. Diese Begrenztheit beklemmt. Wenige, wie etwa Jefferson oder Paine fürchteten, eine als unverfügbar geltende Verfassung könnte die Handlungsspielräume der nachfolgenden Generationen allzusehr stutzen. Die meisten teilten hingegen Rousseaus Sorge: Wie schafft man die Quadratur des Kreises und ersinnt eine menschliche Ordnung, die stabil bleiben kann, obschon sie aus einem menschlichen Willensakt entspringt? Rousseaus Furcht rührt aus einer diskursiven Konstellation der sogenannten Moderne. Diese ist tendenziell unfähig, etwas als unverfügbar anzuerkennen, was nicht durch göttliche Offenbarung gesichert ist. Diese Unfähigkeit ist allerdings viel eher eine intellektuelle als eine pragmatisch-politische. Demokratien wie die Schweizer Kantone bestanden Jahrhunderte, obschon ihren Bürgern bewußt war, daß diese Ordnungen sich ergeben haben aus menschlichem Verfügen. Solange diese Bürger es als höchst wünschenswert ansehen, die Ordnung nicht mehr wesentlich zu verändern, sondern sie als gültige weiterzugeben, so lange werden sie jedes Bestreben, die demokratische Ordnung umzustürzen, als Angriff auf ihre eigene »Identität« empfinden und diese Ordnung schützen.

Die »Neuzeit« hat sich als anfällig für theokratische Versuchungen erwiesen – viel anfälliger als die klassische Antike es jemals war; das ist ihre Achillesverse. Sie leidet unter dem intellektuellen Unvermögen, etwas von Menschen Gemachtes als dennoch dauerhaft gültig anzuerkennen. Dieses Unvermögen ist typisch für eine Kultur, die der Semantik eines Gründungsaktes vollständig enträt. Darum fehlen ihr Traditionen, die eine selbstreflexive Identitätssicherung leisten. Denn es ist die kulturelle Erinnerung selbst, inszeniert und ritualisiert, die den Sinn der Konventionen zu Bewußtsein bringt. Die Autorität einer Republik bleibt so lange intakt, wie ihre Gründung als Neubeginn einer ganzen Gemeinschaft nicht in Vergessenheit absinkt, sondern unablässig memorial appräsentiert wird.[4] Das ist freilich eine antik-republikanische Lösung, auf die sich bisher nur die USA eingelassen haben. Sie steht in der gegenwärtigen Weltsituation nicht allen Kulturen unmittelbar offen. Trotzdem sind alle Völker in der Lage, im Zuge eines kulturellen Wandels diese Lösung für sich zu adaptieren. So wie es möglich ist, eine auf politische Gleichheit gestellte und von institutionalisierter Partizipation getragene Ordnung zu bewahren, obwohl sie ohne göttliches Zutun zustande kam, so ist es auf dieselbe Weise möglich, die Menschenrechte zu bewahren – als Rechte, die Menschen ersonnen und formuliert haben, damit sie die basale Freiheit aller Menschen gewährleisten. Sie sind »unverfügbar« im antiken Sinne: Es ist unser politischer Wille, der sie gültig wissen will; und dazu muß dieser Wille

4 Arendt, 1974, S. 262f.

stabil bleiben. Stabil wird er nur bleiben mittels eines starken kulturellen Gedächtnisses. Eine kulturrelativistische Moderne kann just ein solches nicht denken.

Auch wenn die Genesis der Menschenrechte eine europäische war, also eine historisch besondere, können viele Kulturen dieses Planeten die Geltung dieser Rechte akzeptieren. Denn alle Genesis ist hienieden eine historisch besondere: Der Satz des Thales ist entstanden im Rahmen der griechischen Mathematik; doch er gilt im Andromedanebel ebenso wie in unserem Sonnensystem. Es ist möglich und auch notwendig, dem Willen der Völker die Gewähr anzuvertrauen, daß universale Rechte gelten. Um diese Gewähr zu leisten, muss dieser Wille selber sich kulturell adaptieren an die Notwendigkeiten eines gleichberechtigten Zusammenlebens. Kant hat die goldene Regel ins Zentrum seiner politischen Überlegungen gestellt. Die goldene Regel führt – wenn sie umfassend angewandt wird innerhalb einer *Civitas* – notwendigerweise zur Demokratie. Kants Republikanismus basiert darauf. Die goldene Regel ist kein Gebot Gottes. Sie ergibt sich aus der gegenseitigen Anerkennung der Individuen als Gleiche. Der menschenrechtliche Universalismus ist deswegen möglich, weil alle Unterdrückten jedweder Kultur sich geschützt wissen dürfen von den Menschenrechten. Allerdings hat die Französische Revolution sich dazu verleiten lassen, die Menschenrechte nicht als präpolitische Rechte zu konzipieren, die von keiner Regierung angestastet werden dürfen, sondern »als der Inhalt und das letzte Ziel jeglicher Regierung und jeder politischen Macht«[5]. Wenn diese Rechte ihren ursprünglichen Zweck übersteigen und als soziale Ansprüche unter dem Banner der sogenannten Gerechtigkeit aufmarschieren, dann überfordern sie jedes Gemeinwesen.

Wer in der Freiheit anderes sucht als sie selber, ist nicht nur »gemacht zum Dienen«, wie Tocqueville es ausspricht; denn wer das tut, verwandelt den Staat in eine Zwangsanstalt, die die Freiheit einschränken muß, um die Wünsche der Fordernden zu bedienen, ohne sie jemals stillen zu können. Sobald aus diesen Rechten Sozialprogramme abgeleitet werden, transformieren sie sich zu Sonderrechten, und diese entziehen dem Universalismus sofort seine Plausibilität.

Es hilft uns nichts, Weltbürger zu werden, wenn in dieser Welt die Rechte und der Raum des Bürgers verlorengehen. Bildung, die uns dazu verhilft, uns in dieser Welt zu orientieren, verlangt eine intensivierte Rückbesinnung auf die gründenden Ereignisse und Akte der politischen Freiheit einerseits, des menschenrechtlichen und wissenschaftlichen Universalismus anderseits. Denn nur im Medium eines weltweit funktionierenden politischen Raumes kann

5 Arendt, 1974, S. 138 f.

dieser Universalismus zur Geltung gelangen – solange Gott nicht eingreift in die Weltgeschichte. Gerade wenn man den Eurozentrismus opfert, wird diese Besinnung zur globalen Notwendigkeit:

> »Denn wie ein Gott unter Menschen verleiht der gegründete Anfang allem Bestand, wenn er die ihm gebührende Ehre von allen erhält, die sich seiner bedienen.«
>
> *Platon*

Literaturhinweise

Abu-Lughod, J. L.: The Islamic City – Historic Myth, Islamic Essence, and Contemporary Relevance, in: Journal for Middle Eastern Studies 19 (1987), S. 155–176.

Abu Yusuf Ya'kub (Kitab al-Kharadj): Le livre de l'impôt foncier. Trad. Edmond Fagnan. Paris 1921.

Agus, I. A.: Democracy in the Communities of the Early Middle Ages, in: The Jewish Quarterly Review, n.s. 43 (1952), S. 153–176.

Angenendt, A.: Toleranz und Gewalt. Das Christentum zwischen Bibel und Schwert, 2. Aufl. Münster 2007.

Arendt, H.: Über die Revolution. München 1974.

Assmann, J.: Das kulturelle Gedächtnis. Schrift, Erinnerung und politische Identität in frühen Hochkulturen. München 1992.

Averroes: Kommentar zu Platons »Politeia«, hg. v. S. Lauer. Zürich 1996.

Ayalon, D.: The Mamluk Military Society. London 1979.

Becker, A.: Papst Urban II. (1088–1099). Teil 2: Der Papst, die griechische Christenheit und der Kreuzzug. Stuttgart 1988.

Becker, W.: Ein Plädoyer gegen den Universalismus. Gottesbezug und Verfassungslehre: Das philo-

sophische Dilemma der Menschenrechte (FAZ, 24. Juni 2006, S. 50).
Ben Bella, A.: Tous contre Israël (Interview mit A. Soussan), in: Politique internationale 16 (Sommer 1982), S. 108.
Bianca, St.: Architektur als Lebensform im islamischen Staatswesen. Zürich 1979.
Black-Michaud, J.: Cohesive Force. Feud in the Mediterranean and the Middle East. Oxford 1975.
Blasco Martínez, A.: La judería de Zaragoza en el siglo XIV. Madrid 1988.
Blickle, P. (Peter) (Hg.): Theorien kommunaler Ordnung in Europa. Schriften des Histor. Kollegs. Kolloqu. 36. München 1996.
Böckenförde, E.-W.: Staat, Gesellschaft, Freiheit. Frankfurt 1976.
Böckenförde, E.-W.: Wissenschaft, Politik, Verfassungsgericht. Aufsätze u. biogr. Interview von D. Gosewinkel. Frankfurt am Main 2011.
Bönnen, G.: Die Blütezeit des hohen Mittelalters, in: ders. (Hg.), Geschichte der Stadt Worms. Stuttgart 2005, S. 133–179.
Bonner, M.: Some Observations concerning the Early Development of Jihad on the Arab-Byzantine Frontier, in: M. Bonner (ed.), Arab-Byzantine Relations in Early Islamic Times. (The Formation of the Classical Islamic World, Vol. 8.) Aldershot 2004, S. 401–427.
Bourdieu, P. : Sur la télévision. Paris 1996.
Bredin, J.-D.: L'Affaire. Paris 1985.

Bünger, K.: Entstehen und Wandel des Rechts in China, in: W. Fikentscher/H. Franke/O. Köhler (Hgg.), Entstehung und Wandel rechtlicher Traditionen. Freiburg 1980, S. 439–472.

Burckhardt, J.: Griechische Kulturgeschichte, in: Gesammelte Werke, 10 Bde. Berlin 1955 (darin: Bde. V–VIII).

Burckhardt, J.: Über das Studium der Geschichte. Der Text der »Weltgeschichtlichen Betrachtungen« nach den Handschriften, hg. von P. Ganz. München 1982.

Christin, O.: La paix de religion. Paris 1996.

Cohn, N.: The Pursuit of the Millenium. New York 1970.

Constant, B. de: Ecrits politiques (par M. Gauchet). Paris 1997.

Conte, E.,/C. Esser: La quête de la race. Une anthropologie du Nazisme. Paris 1995.

Crone, P.: Slaves on Horses. The Evolution of the Islamic Polity. Cambridge/New York 1980.

Couvenhes, J.-C./B. Legras (Hgg.): Transferts culturels et politique dans le monde hellénistique. Paris 2006.

Demandt, A.: Die Spätantike. München 2007.

Denaro, R.: Il suicido nell' islam medievale, in: Rivista degli Studi Orientali 70, 1996, S. 23–44.

Dilcher, G.: Die Rechtsgeschichte der Stadt, in: K.S. Bader/G. Dilcher (Hgg.), Deutsche Rechtsgeschichte. Land und Stadt – Bürger und Bauer im Alten Europa. Berlin u.a. 1999, S. 249–827.

Elm, K.: Die Eroberung Jerusalems im Jahre 1099, in: D. Bauer u.a. (Hgg.), Jerusalem im Hoch- und Spätmittelalter. Konflikte und Konfliktbewältigung. Frankfurt am Main 2001, S. 31–54.

Faber, K./J.H. Schoeps/S. Stawski (Hgg.): Neu-alter Judenhaß. Antisemitismus, arabisch-israelischer Konflikt und europäische Politik. Berlin 2007.

Fisch, J.: Krieg und Frieden im Friedensvertrag. Eine universalgeschichtliche Studie über Grundlagen und Formelemente des Friedensschlusses. Stuttgart 1979.

Flaig, E.: »Heiliger Krieg«. Auf der Suche nach einer Typologie, in: HZ 285 (2007), S. 265–302.

Flaig, E.: Warum gibt es kein historisches Trauma? Einen Nonsense-Begriff verabschieden, in: MERKUR 747 (2011), S. 670–671.

Flaig, E.: Radikale Anthroponomie. Wieso griechische Polis und Theokratie diametrale Gegensätze sind, in: K. Trampedach/A. Pečar (Hgg.): Theokratie und theokratischer Diskurs. Die Rede von der Gottesherrschaft und ihre politisch-sozialen Auswirkungen im interkulturellen Vergleich. Tübingen 2013, S. 75–99.

Flori, J.: Guerre sainte, jihad, croisade. Violence et religion dans le christianisme et l'islam. Paris 2002.

France, J.: Victory in the East. A military history of the first crusade. Cambridge 1994.

Fröhlich, P./Chr. Müller (Hgg.): Citoyenneté et

participation à la basse époque hellénistique, (Hautes Etudes du Monde gréco-romain 35). Paris 2005.

Gelderen, M. van, (Hg.): Republicanism. A shared European Heritage, 2 Bde. Cambridge 2002.

Gelderen, M. van: Wie die Universalmonarchie der Volkssouveränität weichen mußte, in: B. Jussen, Die Macht des Königs. Herrschaft in Europa vom Frühmittelalter bis in die Neuzeit. München 2005, S. 299–318.

Ghadban, R.: Tariq Ramadan und die Islamisierung Europas. Berlin 2006.

Gotein, S.D.: Geniza Sources for the Crusader Period, in: B.Z. Kedar u.a. (Hgg.), Outremer. Studies in the history of the Crusading Kingdom of Jerusalem. Jerusalem 1982, S. 306–322.

Graber, O.: The Architecture of the Middle Eastern City, in: I.M. Lapidus (Hg.), Middle Eastern Cities. Berkeley 1969, S. 19–46.

Graf, F.W.: Moses Vermächtnis. Über göttliche und menschliche Gesetze. München 2006.

Großheim, M.: Zeithorizont. Zwischen Gegenwartsversessenheit und langfristiger Orientierung. München 2012.

Grünebaum, G. von: Die islamische Stadt, in: Saeculum 6 (1955), S. 138–153.

Habermas, J.: Eine Art Schadensabwicklung, in: Die Zeit, 7. November 1986, abgedruckt in: »Historikerstreit«. Die Dokumentation der Kontroverse um die Einzigartigkeit der nationalsozialisti-

schen Judenvernichtung. München/Zürich 1987, S. 62–76.
Habib Hourani, A./S. M. Stern (Hgg.): The Islamic City, Oxford 1977; Oleg Graber: The Architecture of the Middle Eastern City, in: I. M. Lapidus (Hg.), Middle Eastern Cities. Berkeley 1969, S. 19–46.
Haverkamp, A.: Juden und Städte. Verbindungen und Bindungen, in: Europas Juden im Mittelalter, hg. v. Christoph Cluse. Trier 2004, S. 72–85.
Hay, D.: Gender Bias and Religious Intolerance in Accounts of the »Massacres« of the first Crusade, in: M. Gervers/J. M. Powell (Hgg.), Tolerance and Intolerance. Social Conflict in the Age of the Crusade. New York 2001, S. 3–10.
Ibn Abi Zayd al-Qayrawani: La Risala. Epître sur les éléments du dogme et de la loi de l'islam selon le rite malikite. Hrsg. und übers. von Leon Bercher. 5. Aufl. Algier 1960.
Ibn Chaldun: The Muqaddima. An Introduction to History. Vol. 1. transl. Franz Rosenthal. 2. Aufl. London 1967.
Isenmann, E.: Die deutsche Stadt im Spätmittelalter – 1250–1500. Stuttgart 1988.
Jaeger, W.: Solons Eunomie, SB d. Preuß. Ak. D. Wiss. 11 (1926), S. 69 ff.
Jaspers, K.: Die Schuldfrage. Für Völkermord gibt es keine Verjährung. München 1979.
Kedar, B. Z.: The subjected Muslims of the Frankish Levant, in: Th. E. Madden (Hg.), The Crusades. The essential readings. Oxford 2002, S. 235–264.

Kelsay, J./J. Turner Johnson (Hgg.): Just War and Jihad. Historical and Theoretical Perspectives on War and Peace in Western and Islamic Traditions. New York 1988.
Kennedy, H.: From Polis to Medina: Urban Change in Late Antique and Early Islamic Syria, in: Past and Present 106 (1985), S. 3–27.
Kersting, W.: Die politische Philosophie des Gesellschaftsvertrags. Darmstadt 1994, S. 1–58.
Khadduri, M.: War and Peace in the Law of Islam. Baltimore 1955.
Kohlberg, E.: Medieval Muslim Views on Martyrdom (Koninklijke Nederlandse Akademie van Wetenschappen. Mededelingen van de Afdeling Letterkunde, Deel 60 no. 7). Amsterdam 1997, S. 279–307.
las Casas, B. de: Obras Completas, vol. X, Madrid 1992.
Loraux, N.: L'âme de la cité. Reflexions sur une »psyche« politique, in: L'Ecrit du Temps 14/15 (1987), S. 35–54.
Machiavelli, N.: Tutte le opere, ed. Mario Martelli. Florenz 1971.
MacMullen, R.: Changes in the Roman Empire. Princeton 1990.
Mayer, E.: War and Peace in the Islamic Tradition and International Law, in: J. Kelsay/J. Turner Johnson (Hgg.): Just War and Jihad. Historical and Theoretical Perspectives on War and Peace in Western and Islamic Traditions. New York 1988, S. 195–226.

Meier, Chr.: Kultur, um der Freiheit willen. Griechische Anfänge – Anfang Europas? München 2009.
Meiggs, E. R./D. Lewis: A Selection of Greek Historical Inscription to the End of the fifth century BC. Oxford 1992.
Mitterauer, M.: Warum Europa? Mittelalterliche Grundlagen eines Sonderwegs. München 2003.
Morell, S.: The Constitutional Limits of Communal Government in Rabbinic Law, in: Jewish Social Studies 33 (1971), S. 87–119.
Moses ben Maimon: Führer der Unschlüssigen. Hamburg 1995.
Moses ben Maimon/Iggeret Taiman: Epistle to Yemen. New York 1952.
Nagel, T.: Staat und Glaubensgemeinschaft im Islam. Geschichte der politischen Ordnungsvorstellungen der Muslime, Bd. II: Vom Spätmittelalter zur Neuzeit. Zürich/München 1981.
Nagel, T.: Die islamische Welt bis 1500 (Oldenbourg Grundriß der Geschichte, Bd. 24.). München 1998.
Nippel, W.: Antike oder moderne Freiheit? Die Begründung der Demokratie in Athen und in der Neuzeit. Frankfurt am Main 2008.
Oexle, O. G.: Friede durch Verschwörung, in: J. Fried (Hg.): Träger und Instrumentarien des Friedens im Hohen und Späten Mittelalter (Vorträge und Forschungen 43). Sigmaringen 1996, S. 115–150 (= 1996b).

Oexle, O. G.: Gilde und Kommune. Über die Entstehung von »Einung« und »Gemeinde« als Grundform des Zusammenlebens in Europa, in: Blickle, 1996, S. 75–97 (= 1996a).

Ottmann, H.: Geschichte des Politischen Denkens, 4 Bde. (in 7). Stuttgart 2001 ff.

Palmer, R. R.: Notes on the Use of the Word »Democracy« 1789–1799, in: Political Science Quarterly 68 (1953), S. 203–226.

Pečar, A., Auf der Suche nach den Ursprüngen des »Divine Right of Kings«. Herrschaftskritik und Herrschaftslegitimation in Schottland unter Jacob VI., in: A. Pečar/K. Trampedach (Hgg.): Die Bibel als politisches Argument. Voraussetzungen und Folgen biblizistischer Herrschaftslegitimation in der Vormoderne. München 2007, S. 295–314.

Pečar, A.: Macht der Schrift. Politischer Biblizismus in Schottland und England zwischen Reformation und Bürgerkrieg (1534–1642). München 2011.

Pečar, A./K. Trampedach: Theokratie und theokratischer Diskurs. Die Rede von der Gottesherrschaft und ihre politisch-sozialen Auswirkungen im interkulturellen Vergleich. Tübingen 2013.

Peters, R.: Islam and Colonialism. The Doctrine of Jihad in Modern History. Gravenhage 1980.

Peters, R.: »Jihad«, in: Oxford Encyclopedia of the Modern Islamic World. Vol. 2. New York/Oxford 1995, S. 369–373.

Pipes, D.: Slave Soldiers and Islam: The Genesis of a Military System. New Haven/London 1981.
Rawls, J.: Theorie der Gerechtigkeit. Frankfurt am Main 1975.
Renan, E.: Qu'est-ce que c'est une nation?, in: Œuvres complètes (éd. par H. Psichari). Paris 1947.
Rensmann, L./J. H. Schoeps (Hgg.): Feindbild Judentum. Antisemitismus in Europa. Berlin 2008.
Rosenthal, E. I. J.: Political Thought in Medieval Islam. An introductory outline. Cambridge 1958.
Roth, N.: The civic status of Jews in medieval Spain, in: P. E. Chevedden u. a. (Hgg.), Iberia and the Mediterranean World of the Middle Ages. Essays in Honour of Robert I. Burns, Bd. 2. Leiden u. a. 1996, S. 139–161.
Schiffauer, W.: Die Bauern von Subay. Das Leben in einem türkischen Dorf. Stuttgart 1987.
Schwentker, W.: Die »vormoderne« Stadt in Europa und Asien. Überlegungen zu einem strukturgeschichtlichen Vergleich, in: ders./P. Feldbauer/M. Mitterauer (Hgg.): Die vormoderne Stadt. Asien und Europa im Vergleich. Wien 2002, S. 259–287.
Skinner, Q.: Liberty before Liberalism. Cambridge 1998.
Stahl, M.: Solon F3D. Die Geburtsstunde des demokratischen Gedankens, in: Gymnasium 99 (1992), S. 385–408.
Stegmaier, W.: Philosophie der Orientierung. Berlin/New York 2008.

Swynford Lambton, A. K.: State and Government in Medieval Islam. Oxford 1981.
Trampedach, K.: Platon, die Akademie und die zeitgenössische Politik. Stuttgart 1994.
Thorau, P.: Die Kreuzzüge. München 2004.
Turner Johnson, J.: Just War Tradition and the Restraint of War. Princeton 1981.
Turner Johnson, J.: The Holy War Idea in Western and Islamic Traditions. University Park (PA) 1997.
Vryonis, Sp.: The Decline of Medieval Hellenism in Asia Minor and the Process of Islamization from the Eleventh through the Fifteenth Century. Berkeley/Los Angeles/London 1971.
Wallenborn, H.: Einleitung, in: J. Schoeps/H. Wallenborn (Hgg.), Juden in Europa. Ihre Geschichte in Quellen, Bd. 1. Darmstadt 2001, S. 1–30.
Walter, U.: The Legacy of Greek Government – Something that has »never ocurred again«?, in: A Companion to Ancient Greek Government, ed. H. Beck. Malden (Mass.) 2013, S. 512–524.
Walzer, M.: The Revolution of the Saints. A study in the origins of radical politics. Cambridge (Mass.) 1965.
Weber, G. (Hg.): Hellenismus. Eine Kulturgeschichte. Stuttgart 2007.
Wilson, St.: Feuding, conflict and banditry in nineteenth century Corsica. Cambridge 1988.
Wocken, H.: Haus der inklusiven Schule. Hamburg 2011.

Ye'or, Bat: Der Niedergang des orientalischen Christentums unter dem Islam. Gräfelfing 2002.
Yerushalmi, Y.: Diener von Königen und nicht Diener von Dienern. Einige Aspekte der politischen Geschichte der Juden. München 1995.

2013
zu Klampen Verlag
Röse 21 · D-31832 Springe
info@zuklampen.de · www.zuklampen.de

Reihenentwurf: Martin Z. Schröder, Berlin
Satz: textformart, Göttingen
Gesetzt aus Baskerville Ten
Druck: CPI – Clausen & Bosse, Leck

ISBN 978-3-86674-168-3

Bibliographische Information der
Deutschen Nationalbibliothek:
Die Deutsche Nationalbibliothek
verzeichnet diese Publikation in der
Deutschen Nationalbibliographie;
detaillierte bibliographische Daten
sind im Internet abrufbar:
http://dnb.d-nb.de